中國社會科學院歷史研究所藏甲骨墨拓珍本叢編（第一輯）

宋鎮豪 主編 馬季凡 編纂

徐宗元尊六室甲骨拓本集

宋鎮豪 題

上海古籍出版社

本書爲二〇一七年國家古籍整理出版專項經費資助項目

目　　録

序　　言

殷墟甲骨文是地下出土中國最早的成文古典文獻遺産，傳承着中華文化的基因，從 1899 年發現至今，經海内外學者們近 120 年來前赴後繼的探索，甲骨文中反映的殷商文化奥秘逐漸揭開，甲骨學嶄然成爲一門舉世矚目的國際性顯學。甲骨文出土材料流傳不廣，能接觸揣摩到原物的更不易，墨拓甲骨片遂成爲方便傳播甲骨文物的重要介體，是重建中國上古史，尋繹中國思想之淵藪，考察中國傳統文化的由來、特徵、品格與演繹淵源的最真實的素材。

中國社會科學院歷史研究所先秦史室是甲骨學研究重鎮，藏有大批甲骨文拓本集，其來源相繫於建國初製定"國家十二年科學發展遠景規劃"中列爲歷史學科資料整理重點項目《甲骨文合集》的編集，得益於當年"全國一盤棋"，受惠於全國文博考古科研教學各界的無私襄助，以及海内外許多收藏家的饋贈捐獻或轉讓。我們近年在編纂《甲骨文合集三編》的過程中，發現有相當一批甲骨文拓本爲當年《甲骨文合集》及後來的《甲骨文合集補編》所漏收。有的甲骨文拓本集，僅僅選用了其中少量拓片，有的拓本集甚至根本没有被采選，有許多都是上世紀 70 年代以前或更早時期的拓片，而其甲骨實物有的早已下落不明，有的雖知下落，甲骨却已經破碎，片形遠非早期拓本完整，史料價值相應降低。當然早期甲骨拓本也有欠佳者，良莠不齊，爲時代認知造就。有不少甲骨拓本集屬於海内外少有的珍本或孤本，學界尋覓已久，是唯一性的，有新材料的文物價值和古文字與古史研究的重要學術價值。但因這批甲骨拓本集塵封已久，紙張斷爛零落，需要進行搶救性破損修復和專業性有序的保護整理與研究。

2011 年中國社會科學院歷史研究所創新工程項目啟動，由我主持的"歷史所藏甲骨墨拓珍本的整理與研究"被批准爲其分項目之一，也可以説是因於中國社會科學院重大 A 類項目暨國家社科基金重點課題《甲骨文合集三編》編集的前緒而設立的。主要創新點是立足於甲骨文物遺産整理保護、科學研究、學術史追踪、文化傳播及歷史教育之目的，擴大視野，探賾索隱，深入挖掘每宗甲骨文資料的原始信息及其學術史價值，開拓學術耕耘新思路，加强與海内外甲骨文收藏單位的交流合作，在項目實施中，配合甲骨學科建設并加强中青年專業人才的歷練。目標任務是編纂完成"中國社會科學院歷史研究所藏甲骨墨拓珍本叢編"，計劃精選 10 種左右，進行搶救性破損修復，分批整理，數字化存檔，追踪甲骨源流，辨析甲骨真僞，鑒定材質，區别組類，分期斷代，殘片綴合，考釋文字，解析文例，詮釋史料，最終以叢編單册形式出版，爲甲骨學和殷商史研究提供一批珍貴的經過專業水準編纂的甲骨文著録書。

《徐宗元尊六室甲骨拓本集》是本之《尊六室甲骨文字》一書的新編纂。原書爲徐宗元編著，郭沫若題署，綫裝本上下兩册，上册毛邊紙中鋒對折，版式尺寸高 27 釐米，寬 18 釐米，單綫欄，欄高 17.8 釐米，寬 13 釐米，版心寬 1.6 釐米，上下两端粗黑口，版心中部鐫印“尊六室甲骨文字”七字，共 48 葉，著録甲骨文拓本 264 片（第 208 與 264 片自重，第 234 片僞，實 262 片），末葉有羅福頤寫於 1975 年的後記。下册爲徐宗元手書《尊六室甲骨文字考釋初稿》，凡 95 葉。1987 年 5 月《尊六室甲骨文字》綫裝本按原式由天津古籍出版社影印出版，下册前有 1987 年 5 月 1 日賈敬顔所寫《小引》。

徐宗元尊六室甲骨主要來自劉鶚原藏品。劉鶚所藏甲骨，除了一大宗來自王懿榮原藏品外，另有來自山東濰縣（今濰坊市）古董商范濰卿賣給方藥雨的 300 多片，濰縣另一位古董商趙執齋也爲劉鶚“奔走齊魯趙魏之郊凡一年”，前後買得 3 000 多片。劉鶚卒後，舊藏甲骨散出，有一批爲端方購得。端方（1861—1911），清末大臣，滿洲正白旗人，托忒克氏，字午橋，號陶齋，嗜金石書畫，著有《陶齋吉金録》、《陶齋藏石記》等。端方的甲骨，部分經袁世凱秘书李虎臣之手，後來又歸了袁克定。袁克定（1878—1958），祖籍河南項城，是袁世凱長子，原配于氏所生，字雲台，别號慧能居士，外號袁大瘸子。袁氏甲骨部分歸了羅福頤。羅福頤（1905—1981）出生於江蘇淮安，祖籍浙江上虞，羅振玉之子，字子期，筆名梓溪、紫溪，七十後自號傴翁，古文字學家。部分爲徐宗元所得。徐氏（1918—1970）出生於奉天省（今遼寧省）鳳凰城，祖籍山東省壽光，字尊六，1944 年应聘中國大學研究院執教中國上古史和甲骨文，兼任天津《民國日報》副主編、《北平時報》副刊編輯。1946 年後歷任中法大學文史系副教授、天津河北省女子師範學院副教授、福州大學副教授、福州師範學院歷史系副教授兼史地專修科主任、中央民族學院歷史系副教授並代理中國史教研室主任等，著有《尊六室甲骨文字》、《帝王世紀輯存》、《古史考》、《逸周書正義》、《春秋後語輯存》、《小爾雅正疏》、《尹文子校注》、《韓詩外傳校注》、《尊六室雜文》、《榕城雜著》等。

1977 年 2 月 8 日歷史所以一千七百元從徐氏家屬手中購藏了尊六室甲骨 259 片（先秦史室甲骨藏品編號第三十三至四十盒 1696—1954 號 259 片，1954 號 1 片爲僞刻）。其中 254 片見於徐氏《尊六室甲骨文字》，有 5 片該書未見，而書中有 10 片今下落不詳（52、95、107、112、182、187、203、223、253、258），其摹本 1951 年曾著録於胡厚宣《戰後寧滬新獲甲骨集》卷三。

由於原《尊六室甲骨文字》拓工欠佳，墨色凝膩，字迹模糊，或拓紙劃痕受損，印刷亦不精，爲此，項目組執行研究員馬季凡女士特據歷史所今藏原骨做了縝密校訂，並請中國社會科學院考古所安陽工作站何海慧女士重新拓製，將《尊六室甲骨文字》重加編纂整理，删除重片，共匯集原徐宗元甲骨藏品 263 片，補遺 5 片，合計 268 片，其中有 24 片《合集》、《合補》未收，綴合 21 組。此書堪稱一部甲骨著録的新編本，遂署名《徐宗元尊六室甲骨拓本集》，列入“中國社會科學院歷史研究所藏甲骨墨拓珍本叢編”之一種，予以公布。

新編本甲骨拓本仍按《尊六室甲骨文字》原書排序，但對原編第 20、51、75、125、130、178、179、229、241 等片所漏拓反面加補了拓本。第 235 片加補了正面拓本。第 101 拓本不全，也替换了新拓。對原來爲摹本的第 38、70、83、86、88、91 反、100 反、120 正（原誤爲背面）、136 正（原誤爲背面）、157、159 正（原誤爲背面）、160 反、163、165、171、181 反、197、198、205 反、222 正反、226、227、228、259 反等片，也都一一换成了新拓本。第 219 摹本不僅改换拓本，又補上了臼拓。原徐宗元手民甲骨考釋的文本書迹多有不清，本書特附原文印刷體排印，同時又重新做了釋文，並有每片甲骨的材質、分期、著録情況等説明。總之，以真確爲要，亦有便於讀者。

“中國社會科學院歷史研究所藏甲骨墨拓珍本叢編”，旨在爲學界提供一批經專業性科學整理編著的甲骨文著録書。上海古籍出版社吴長青先生與本書責任編輯石帥帥先生，付出了很多精力，特此誌謝！希望本書能够爲甲骨文與殷商史研究增添助力。

於中國社會科學院歷史研究所

甲骨學殷商史研究中心

2017 年 9 月 16 日

凡　例

一、本書是據中國社會科學院歷史研究所藏徐宗元尊六室甲骨，對徐氏《尊六室甲骨文字》一書的再編纂，删除重片，增入補遺5片，合計268片。

二、本書共分爲三部分：第一部分爲甲骨圖版；第二部分爲甲骨釋文，包括徐宗元《尊六室甲骨文字考釋初稿》、原書《小引》與《後記》的排校標點本，以及本書的新釋文；第三部分爲著録檢索表。

三、甲骨圖版一遵《尊六室甲骨文字》原書排次，原書拓片不佳，現全部换成新拓，訂正了原書的若干訛誤，加補了原書一些甲骨正反臼的漏拓。

四、本書新釋文中缺字用“□”表示；殘缺字數不詳用“……”表示；據文例擬補字加“[ ]”。卜辭釋文一律用寬式標點，句末標句號，不用問號。

五、本書新釋文扼要説明甲骨材質、分期、著録和涂朱填墨、綴合情况等。

六、本書附著録檢索表，便於檢索尊六室甲骨與歷藏・歷拓號、著録重見諸信息。

甲骨拓片

1

2

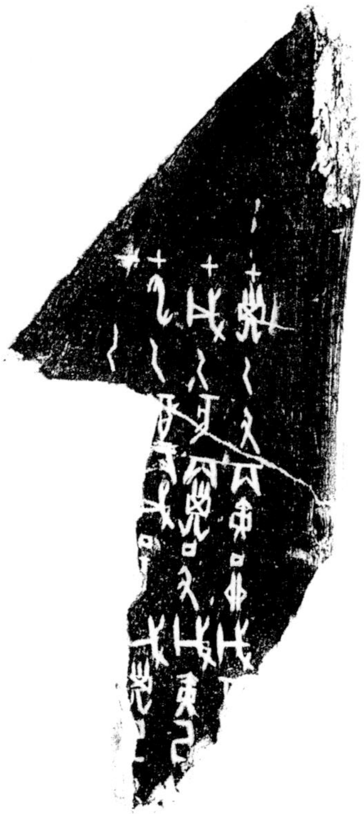

3

4

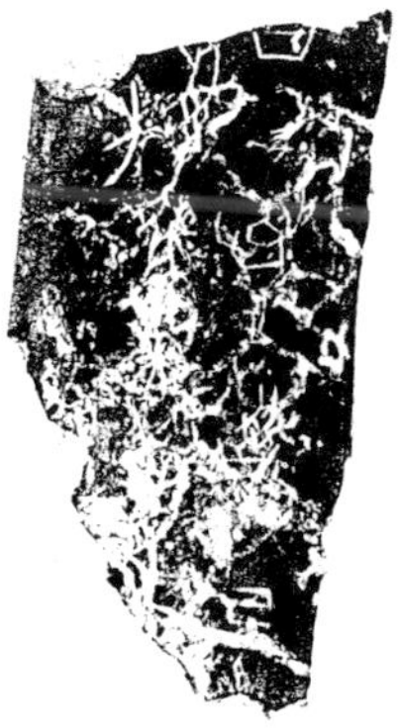

5

6

7正

7反

8

9

10

11

12

13

14

15

16

17

18

19

20正

20反

21

22

23

24

25

26

27

28

29

30

31

32

33

34

35

36

37

38

39

41

40正

40反

42

43

44正

44反

45

46

47

48

49

50

51正

51反

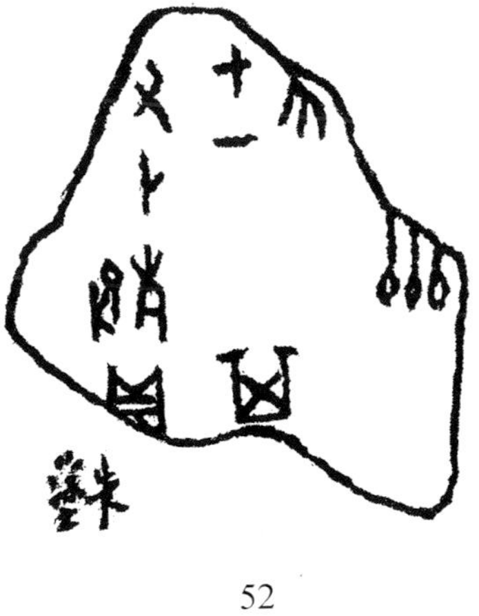

52

53

54

55

56

57

58

59

60

61

62

63

64

65

66

67

70

68

71

69

72

73

74

75正

75反

76

77

78

79 80

81 82

83

84

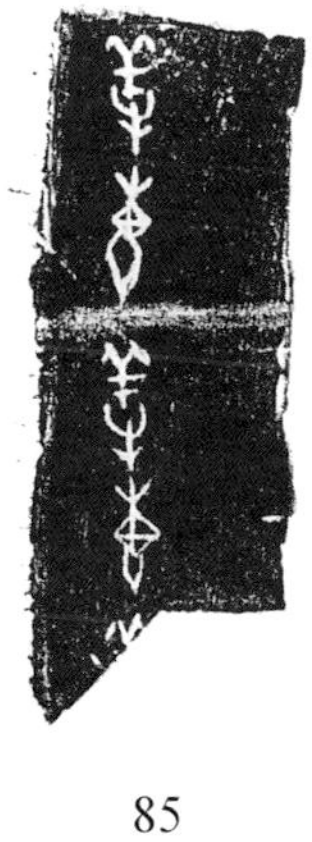

85

86

87

88

89

90

91正

91反

92

93

94

95

96

97

98

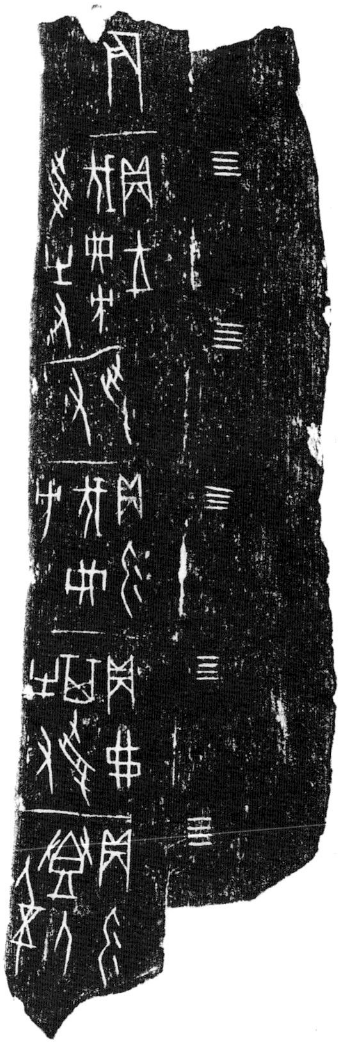

99

100正

100反

101

102

103正

103反

104

105

106正

106反

107

108

109

110

111

113

112

114

115正

115反

116

117

118

119

120正

120反

121

122

123

124

125正

126

127

129

128

130正

130反

131

132

133

134

135

136正

136反

137

138

139

140

141

142正

142反

143

144

145

146

147

148

149

150

151正

151反

152

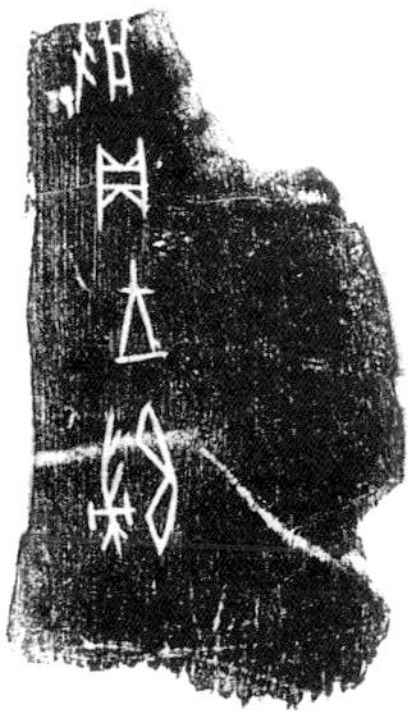

153

154

155

156

157

159正

158

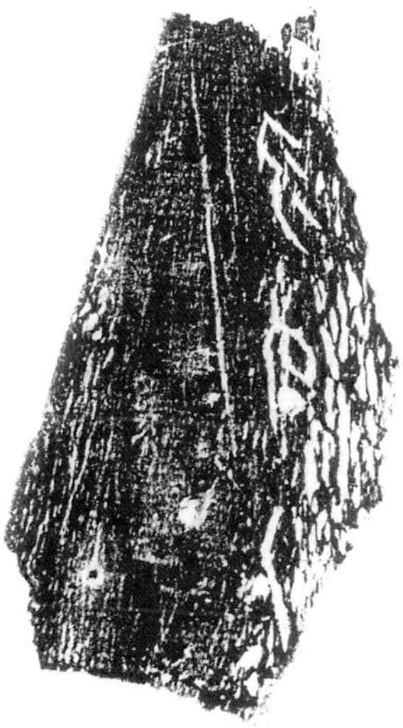

159反

160正

160反

161

162

163

164

165

166

167

168

169

170

171

172

173

174

176

175

177正

177反

178

179正

179反

180

181正

181反

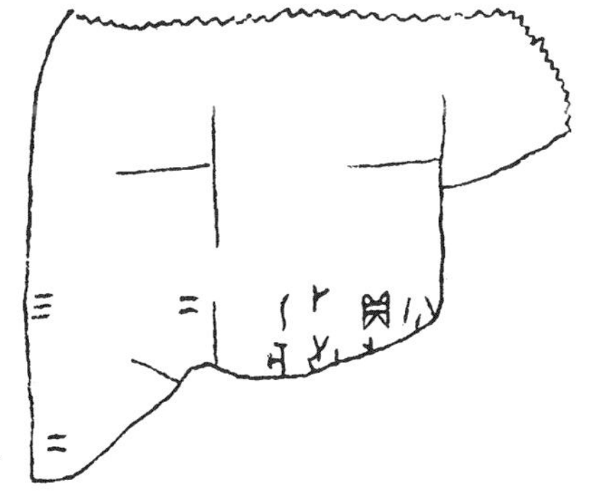

182

183

184

185

186

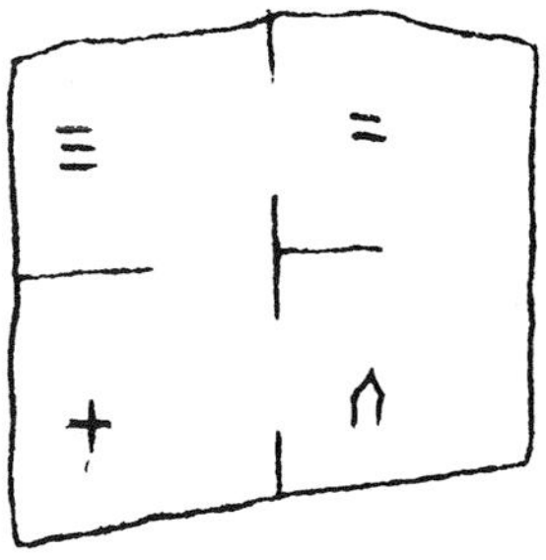

187正

187反

188

189

190

191

192

193

194

195

196

197

198

199

200

201

203

202

204

205正

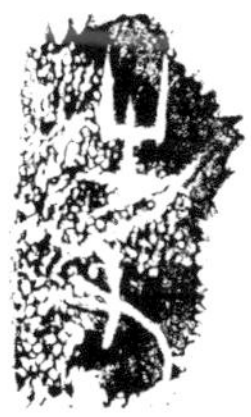

205反

206

207

208

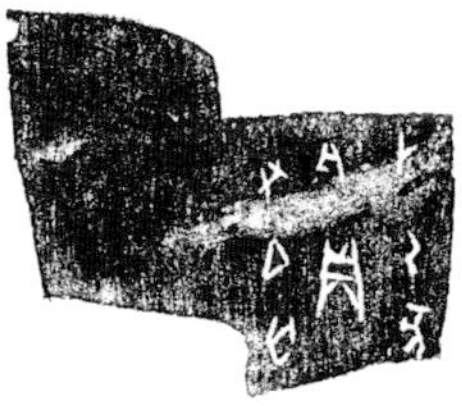

209

210

211

212

213

214

215

216

217

218

219正

219臼

220

221

222正

222反

223

224

225

226

227

228正

228反

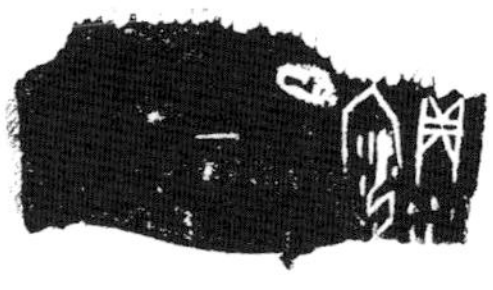

229正

229反

230

231

232

233

234

235正

235反

236

237

238正　238反

239正　239反

240正

240反

241正

241反

242

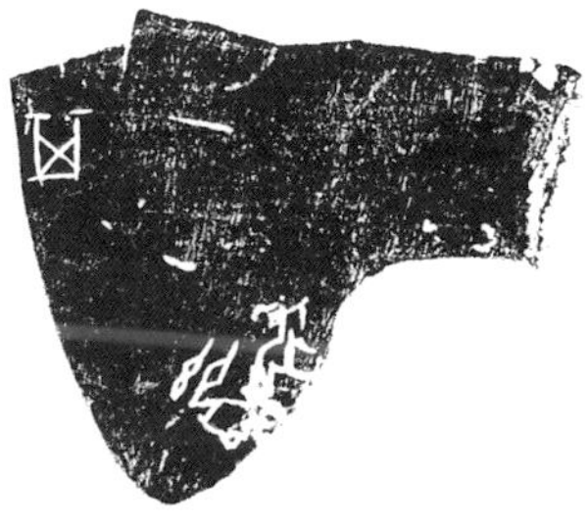
243

244

245

246

247

248

249

250

251

252

253

254

256

255

257

258

259正

259反

260

261

262正

262反

263

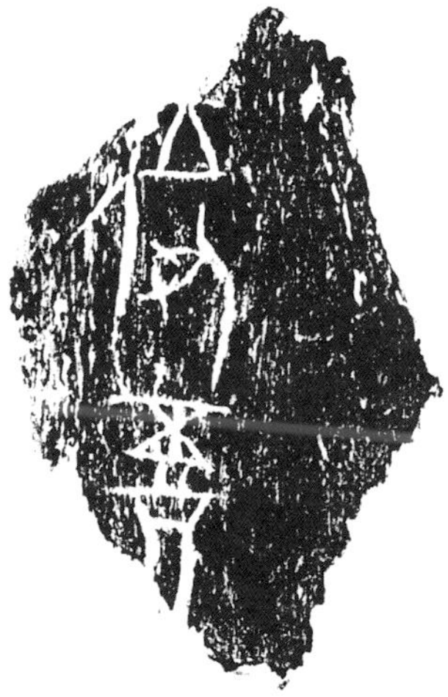

補遺1

補遺2

補遺3正

補遺3反

補遺4

補遺5

甲骨釋文

小　　引

嗚呼，尊六之喪而余哭之慟也。今其棄余又十數載矣，每一念及未嘗不悲來填膺也，豈直師友之情乎哉。余所交者衆矣，如尊六之天姿之純粹，識見之高明，學問之淹通，才力之强敏，殆未有遇之者也。奈何天不假之年，爲庸醫所誤，識與不識，皆哀而出涕也，又何以得此於人哉。余與尊六之訂交於四十四年前，而三十一年以來又居處近鄰，執教鞭於一校一系。抱膝促談，則通宵達旦；閲肆訪書，必聯轡同行。性既相近，嗜好亦同。此甲骨拓本二百六十四片簿[1]紙一册，但就篋笥藏物，稍事考校而已。其論"六甲"原始，解"王賓"爲"王進"，辨"大牢"、"小牢"（即太牢、少牢也）之别，説"步"爲"步輦"，"俎"爲"樽俎"，"沈"爲"水沈"，與夫釋"呼"、"登"、"郭"、"八"諸字，無不旁徵鐘鼎與經史，可謂句句尋源，筆筆求本。語云"文不貴多而貴精"，吾於此書見之矣。尊六極勤奮，無日無時不與書爲伍。歿世後積稿盈箱，有待董理。其學問之與其身體之俱化者，更不知多少矣。所幸子嗣有成，而長女庭雲能繼父業，青盛於蓝，期諸他日。書之印刷既竣，余以薄酒淡茶奠祭尊六於風清月白之夜，尊六其有知乎。

公元千八[2]百九[3]十七年五月一日賈敬顏序

[1]"簿"當作"薄"。
[2]"八"當作"九"。
[3]"九"當作"八"。

《尊六室甲骨文字考釋初稿》

徐宗元

第一片　骨

甲子 乙丑 丙[寅 丁卯 戊辰 己巳
庚午 辛未 壬申 癸酉]

第二片　骨

[甲子 乙丑 丙]寅 丁卯 戊辰 己巳
[庚午 辛未 壬申 癸酉]
[甲戌 乙亥 丙]子 丁丑 戊寅 己卯
[庚辰 辛巳 壬午 癸未]
[甲申 乙酉 丙]戌[1] 丁亥 戊子
己[丑 庚寅 辛卯 壬辰 癸巳]
[甲子 乙丑 丙寅] 丁卯 戊辰 己巳
[庚午 辛未 壬申 癸酉]
[甲戌 乙亥 丙子] 丁丑 戊寅 己
[卯 庚辰 辛巳 壬午 癸未]
[甲申 乙酉 丙戌] 丁亥 戊子 [己
丑 庚寅 辛卯 壬辰 癸巳]

第三片　骨

甲子 乙丑 丙寅 丁卯 戊辰 [己巳
庚午 辛未 壬申 癸酉]
甲戌 乙亥 丙子 丁丑 戊寅 己[卯
庚辰 辛巳 壬午 癸未]
甲申 乙酉 丙戌 丁亥 戊子 己[丑
庚寅 辛卯 壬辰 癸巳]
甲[午] 乙[未 丙申 丁酉 戊戌 己
亥 庚子 辛丑 壬寅 癸卯]

第四片　骨

甲子 乙丑 丙寅 丁卯 [戊辰 己巳
庚午 辛未 壬申 癸酉]
甲戌 乙亥 丙子 丁丑 [戊寅 己卯
庚辰 辛巳 壬午 癸未]
甲申 乙酉 丙戌 丁亥 [戊子 己丑
庚寅 辛卯 壬辰 癸巳]
甲午 乙未 丙申 丁酉 [戊戌 己亥
庚子 辛丑 壬寅 癸卯]
甲寅 乙卯 丙辰 丁巳 [戊午 己未
庚申 辛酉 壬戌 癸亥]
甲子 乙丑 丙寅 丁卯 [戊辰 己巳
庚午 辛未 壬申 癸酉]

殷人計日以干支,始甲子迄癸亥,適爲六旬,周而復始,用之紀日,《禮記・郊特牲》云:"日用甲,用日之始也。"傳世甲骨有刻六十干支之名者,多破碎,惟燕京大學藏一骨完整無缺(《殷墟卜辭》第一百六十五片),世人稱爲干支表或甲子表。自郭沫若、唐蘭兩先生考爲學刻者所作,已成定論。《漢書・律曆志》六甲,辰有五子,唯甲寅無子。《周禮・占寢[2]》疏引《鄭志》云"庚午在甲子篇,辛亥在甲辰篇也",是漢人以六十干支分爲六篇,每篇皆自甲至癸,故甲子之篇有庚午、甲辰之篇有辛亥,甲午之篇無辰屬□□□,[3]每篇既以甲爲首,遂稱六甲。古者幼童初入學也,先習《六甲》、《九九》,即其必習學科,《齊民要術》引崔寔《四民月令》云:"正月入小學,學書篇章,謂《六甲》、《九九》、《急就》、《三蒼》。"《漢書・王莽傳》:"天鳳元年令天下小學戊子代甲子,爲六旬首。

---

[1] 原稿中"戌"多誤作"戍",今徑改,下不一一注明。
[2] "寢"當作"夢"。
[3] 此三字漫漶不可識。

冠以戊子爲元日，昏以戊寅之旬爲忌日，百姓多不從。”又《流沙墜簡》小學術數方技書中，有干支之簡三，乃漢人習六甲之證，其制實濫觴於殷。右第一片僅一甲，漢人所謂甲子篇也。第二片上下殘缺，前三行與後三行文字相同，前者字體結構茂密，後者則散漫無法，儼然仿本與範本相對。第三片末行“甲”下缺“午”字，擬是殷人習刻干支字，先天干而後地支也。第四片結字草率，其甲午、甲寅兩篇之間缺甲辰篇，末行與首行相同，非習書契者孰爲此也。殷人甲子之子作兇、㞢諸形，《説文》云：“子，十一月陽氣動，萬物滋，人以爲偁。象形。”又云：“，古文子，从巛，象髮也。，籀文子，囟有髮，臂脛在几上也。”金文作（召伯敦）、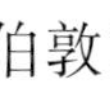（師田父尊），籀文與甲骨、金文略同，籀文从冂象足形，許氏謂“臂脛在几上”，非也。諸葛敬買地鉛券文：“黄龍元年壬申，五月丙子朔。”（《小校經閣金文》卷三頁七十六）“丙子”字與小篆同，前乎此則未之見也。蓋兇、子皆小兒之形象，後人避繁就簡，故子行而兇廢。辰巳之巳，甲骨文作、諸形，金文同。羅振玉云：“宋以來説古金中之乙子、癸子諸文者異説甚多，殆無一當，今得干支諸表，乃决是疑。”（《殷虚書契考釋》）《説文》云：“巳，巳也，四月陽气巳出，陰气巳藏，萬物見，成文章，故巳爲蛇，象形。”甲骨文有从巳之字，而干支則無一作巳者，之作巳始見於新莽量“龍在己巳，歲次實沈”（《陶齋吉金録》卷四頁五十二）。其形象蛇，故許氏訓巳爲蛇，其淵源殆十二屬説興起以後之事也。餘別詳《幹枝字形音義溯源》。[4]

第五片　骨

〼夒〼

全片侵蝕漫漶已甚，而原骨“夒”字尚清晰。王國維初釋“夋”（《觀堂集林》卷九頁二），後改釋爲“夒”（《觀堂集林別集補遺》頁四十），甚是。後之學者亦有不從其説者，惟郭沫若先生能引申之云：“今案當以釋夒爲是，夒音與嚳音同部，故音變而爲帝嚳若帝俈，夒之古文與夋字相近，故形誤而爲夋若逡，更演化而爲帝俊若帝舜，由此等文字上及傳説上之演變，帝俊與帝嚳固是一人，即帝舜與帝嚳亦同是一人也。《魯語》云‘禘舜’，《祭法》云‘禘嚳’，正舜、嚳爲一之證，韋昭云字誤者，非也。《楚辭・天問》篇敘舜象事于夏後，於殷先公先王之前，亦表明帝舜之即帝嚳，篇中舜、嚳同出者，蓋傳聞異辭，不則後人所改易也。王云‘《大荒經》自有帝舜，不應前後互異’，實則《大荒經》中亦有帝嚳，《大荒南經》云‘帝堯、帝嚳、帝舜葬於岳山’，與帝俊亦正前後互異，蓋《山海經》之輯録者本諸異辭之傳聞，誤以帝俊、帝嚳、帝舜爲三人也。”（《卜辭通纂》考釋頁五十六）經此補綴遂使人撟舌而無可置辨矣。

第六片　骨

甲　貞□
　　于□
乙　貞史（使）
　　人于
　　恙
丙　〼若

“貞”字於卜辭最爲習見，孫詒讓云：“《説文》卜部：‘貞，卜問也。从卜，貝以爲贄。一曰：鼎省聲。’《周禮・春官・玉[5]府》云：‘季冬陳玉以貞來歲之微[6]惡。’注：‘鄭司農云：貞，問也。’又《太卜》云：‘凡國大貞，卜立君，卜大封，則眡高作龜。’注：鄭司農云：‘國有大事，問於蓍龜。’又《國語・吴語》曰：‘貞於陽卜。’斯並貞卜之義也。”（《契

[4] “幹枝”當作“干支”。
[5] “玉”當作“天”。
[6] “微”當作“媺”。

文舉例》卷上頁六）羅振玉云：“《説文》……又注：‘古人以貞爲鼎，籀文以鼎爲貞。’今卜辭中凡某日卜某事皆曰貞，其字多作……或作鼎，則正與許君以鼎爲貞之説合，知確爲貞字矣。”（《增訂殷虛書契考釋》卷中頁十八）。郭沫若先生云：“實即若等形之簡略急就者……古乃假鼎爲貞，後益之以卜而成鼎（貞）字，以鼎爲聲，金文復多假鼑爲鼎……許説‘古文以貞爲鼎，籀文以鼎爲貞’者，可改云‘金文以鼑爲鼎，卜辭以鼎爲鼑’，鼎、貝形近，故鼑乃譌變爲貞也。”（《卜辭通纂》考釋頁六）吴其昌云：“《尚書·洛誥》‘我二人共貞’，《釋文》引馬融注云‘貞，當也’，是馬融讀‘貞’爲‘當’。《漢書·匡衡傳》云‘無説《詩》，匡鼎來’，注‘服虔曰：鼎，猶言當也’，是服虔又讀鼎爲當也。足證漢時匡衡、馬、服時代，貞、鼎、當三字，皆一聲無别，斯亦貞、鼎一字之驗也。”（《文哲季刊》第三卷第二號《殷虛書契解詁》頁二二三）諸家考覆訂補始釐，然有當於心也。於此讀爲使，史人即使人。羔字諸家考釋頗有異同，惟胡光煒從羅振玉説釋羔，云：“卜辭所示有名者，其字上从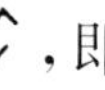，即羊，下从，即火。火作，大則釋羔無疑。形或作亦爲羔字。《説文·羊部》：‘羔，羊子也。从羊，照省聲。’又从羔得聲之字，《禾部》有穛，‘禾皮也。从禾，羔聲’，大徐本音之若切，《廣韻·十藥》有穛，亦收之若切下，其音正自照聲來。又《左氏》莊三年、四年經‘之于穛’，《釋文》‘諸若反’，《公羊》穛作部，《釋文》‘古報反’。《説文·示部》無禚，而《玉篇·示部》收之，音之若切，則亦从羔得聲也，音之若或諸若，聲皆近照。是穛可讀部（古報反）之平聲，亦可以照省聲故，而讀之若或諸若，與《史記·殷本紀》之昌若聲極相近。……急讀如羔如穛、禚，緩讀則如昌若。亦如春秋時吴子壽夢之或作乘，寺人勃鞮之或作披矣。更就卜辭中所祀羔之祭禮觀之，殷人祀羔用尞……用酒……于羔求年……于羔言告……凡言尞、言酒、言求年、言告，皆與、王亥、上甲等先祖同……知非昌若莫當矣。”（《卜辭中之即昌若説》）朱芳圃説同，其後張秉權又專就此字作類比研究，結果對於昌若説益可信。“若”上當是“不”字或“弗”字。卜辭中恒言“不若”、“弗若”，《爾雅·釋詁》“若，善也”，《釋言》“若，順也”。不若、弗若即不善、不順也。郭沫若先生以《楚辭·天問》“何獻蒸肉之膏，而后帝不若”，即卜辭之“不若”（《卜辭通纂》考釋頁六），是也。

第七片　骨

正　　　二告二

背　　　□㞢于季□

“二告”乃標示貞卜性質之術語，“二”乃紀占卜次數之字。㞢字，吴其昌綜合孫貽[7]讓、羅振玉、王國維、郭沫若先生等四家之考釋，並繼續發揮得六義：曰祭也，曰用也，曰有也，曰又也，曰此也，曰玉也（《解詁》頁二二六至二三一）。其説是也。此㞢字即“祭也”之義。王國維云：“季亦殷之先公，即冥是也。《楚辭·天問》曰‘該秉季德，厥父是臧’，又曰‘恒秉季德’，則該與恒皆季之子，該即王亥，恒即王恒，皆見於卜辭，則卜辭之季亦當是王亥之父冥矣。”（《殷卜辭中所見先公先王考》）唐蘭先生云：“冥於卜辭蓋當作閖，即夒字。余所得一骨與唐並列，昔作《古史新證序》據以爲上甲微之别名，今知不然。夒、冥一聲之轉，《天問》云‘昏微遵迹’，昏亦當是冥也。郊冥宗湯，故閖、唐並列。”（《懷鉛隨録》）。于省吾先生云：“《粹》二三：己亥，卜，田泌，朿土犬，犬，汅犬，奏□犬。土即相土。容庚謂即昌若，若作

[7]“貽”當作“詒”。

，與形近而譌。按沔即曹圉，霙即冥，殷之世系，在王亥之前，由冥以上溯相土，祇有此四世，契文所列適相符合。”（《雙劍誃殷契駢枝三編》）案《簠室》天象四四“貞烄㞢从雨”，王襄先生《釋烄》云：“烄疑郊天之本字，與尞之从火同誼，《説文解字》‘烄，交木然也’，段注引《玉篇》曰‘交木然之，以尞柴天也’之説可證，後世因祭於郊，叚用郊而烄廢。”唐氏隸定爲夒，夒、冥一聲之轉，乃以爲冥，故從王氏説以烄爲郊冥，因與唐同版，遂以爲即《國語・魯語》之“郊冥而宗湯”。考“烄”字屢見於甲骨文中，《拾遺》八・二“烄又雨，貞烄奴㞢从雨”，《前編》五・三三・二“貞勿烄亡其从雨”，三三・三“貞□姼烄㞢从雨”，六・二〇・二“□申卜㱿貞烄亡其雨”，六・二七・一“甲申卜穷貞烄婞，貞勿烄婞亡□从□”，《後編》下一五・八“□于烄□”，《戩壽》四七・三“乙卯卜今日烄从雨”，除殘缺者外，皆與雨有關。疑烄爲求雨之祭，其字从交从火，《説文》云“交木然也”，又云“交，交脛也，从大，象交形”，是交之本誼爲交脛，大象人正面而立，其下交，取象交脛，金文交尊之、篆文之，皆象大而交其脛。則烄之本誼爲置交脛人於木上然之，用以求雨。《尸子》云“湯之救旱也，素車白馬，布衣身嬰白茅，[8]以身爲牲”，是殷人祈雨以人爲犧牲之證，王氏以烄爲郊之本字，非也，唐代以烄爲郊冥，亦非也。朱芳圃云：“黽、冥同音，古籍常通用無别。《左傳》定公四年‘還塞大隧、直轅、冥阸’，《史記・春申君列傳》‘秦踰黽隘之塞而攻楚’，冥阸即黽隘，其證一也。《吕氏春秋・有始覽》言山有九塞，其二爲冥阸，《淮南子・墮[9]形》引作‘澠阸’。冥阸即澠阸，其證二也。《史記・楚世家》‘涉鄳塞’，《正義》引《括地理[10]志》云：‘故鄍城在陝州河北縣東十里虞邑也。’又引杜預云：‘河南太陽有鄍城是也。’鄳塞即鄍城，其證三也。是卜辭之黽，即殷紀之冥，蓋同音通用。”（《殷卜辭中所見先公先王再續考》）朱説黽、冥相通，但衹能證明冥、黽二字通用，尚不足以證明殷之先公冥即甲骨文之黽。于氏釋爲冥，其重要證據即以土爲相土，爲昌若，沔爲曹圉，四者同列一版，故即冥也。土固是相土，然甲骨文中明有若字，爲先公之名，與截然有别，不得釋爲昌若，爲昌若已見前。《史記・殷本紀》“昌若卒，子曹圉立”，索隱云“《系本》作糧圉”。郭沫若先生以卜辭“㞢于王吴□二犬”（《後編》下四・一四），王吴爲糧圉，糧王、圉吴各爲疊韻字（《卜辭通纂》考釋頁六八），其説甚辨。于氏以沔爲曹圉，於字形無解説，而沔有稱高祖沔者（曾毅公先生的照片），徵之典籍，尚未有稱曹圉爲高祖之證，王國維先生説是也。“㞢于季”謂祭于季也。

第八片　甲

甲　　乙卯卜㱿[貞]
　　　尞于云(雲)□

乙　　□一

㱿，武丁時貞人名，董作賓云：“前人對於‘貞’上之一字，有疑爲官名者，有疑爲地名者，有疑爲所貞之事類者。現據四版，可以確定其爲人名。因如爲地名，則其上必有‘在’字。……又四版全爲卜旬之辭，若爲卜貞事類或職官之名，應全版一致。今卜旬之版，‘貞’上一字不同者六，則非事與官可知。又可知其决爲卜問命龜之人。……又卜辭多‘某某卜，王貞’及‘王卜貞’之例，可知貞卜命龜之辭，有時王親爲之，有時使史臣爲

[8] 此句當作“素車白馬，著布衣，身嬰白茅”。
[9] “墮”當作“墜”。
[10] “理”字當爲衍文。

之。其爲書貞卜之人名，更無足疑。"（《安陽發掘報告》第三期《大龜四版考釋》）此貞人説之發見極有功於斯文也。尞，祭名。羅振玉云："《説文解字》：'尞，柴祭天也。从昚，昚，古文慎字，祭天所以昚也。'今字實从木在火上，木旁諸點，象火焰上騰之狀……許君云'从昚'者非也……卜辭又省火作，或更省作。"（《殷虛書契考釋》卷中頁十六）王國維云："尞，用牲之名。"蓋燃木爲火，火焰騰灼，以其燔牲，用於祭祀。雲作，即《説文》雲字下"，古文省雨"之"云"。尞于雲，即金祖同《殷契遺珠·發凡》所謂"殷人祭雲"。，饒宗頤釋爲根圉（《責善半月刊》第一卷第十三期《爲根圉説》），是也。

第九片　甲

甲　癸□［王卜］
　　貞旬［亡猷］
　　王若［曰大吉］
　　在□
乙　□王卜貞
　　［旬］亡猷王
　　［若曰］大吉在
　　□祭上甲

案《説文》訓勹爲裹，咸讀爲包，實爲旬之古文，日自甲至癸爲一遍，《爾雅·釋詁》"旬，遍也"。"王若曰"於《尚書》中皆臣工宣達王命之用語。

第十片　骨

□自上甲至于［多后］
□［在］六月□

上甲於卜辭作田、諸形，象甲在□内，从二、二者，即上字，或綴以一、丿、丨，皆上之省也。或謂从□有配天之義（《殷契説存》），非是。當是郊宗石祊之形。

第十一片　骨

癸丑［卜］
貞翌［甲寅］
彡于上甲［至于多］
后衣

卜辭通例祭甲用甲日，癸丑之翌日爲甲寅。此外有用爲祭名者。又一旬内之未來日亦皆稱翌。

第十二片　甲

□卜［貞王］
［𡧊］乙□
亡尤。

第十三片　甲

□卜貞王
［𡧊］彐彡□

案彐是報丁之闕刻豎筆者也。彡下闕文當是日夕字。

第十四片　甲

□寅卜貞□
□示壬□
□□□
□尤

"奭"於卜辭中爲習見之字，祖甲以前作奭形，廩辛以後作諸形。羅振玉釋赫，謂與召公奭爲一字（《殷虛書契考釋》）。陳邦懷釋奭（《殷虛書契小箋》）。郭沫若先生釋奭（《金文叢考·金文餘釋·釋奭》），謂是母字之别構（《甲骨文字研究·釋祖妣》）。葉玉森釋夾（《殷契鈎沈》）。唐蘭先生釋夾（《天壤閣甲骨文存考釋》）。于省吾先生釋爽（《雙劍誃殷契駢枝》）。張政烺釋奭（《集刊》第十三本《奭字説》），即《詩·小雅·賓之初筵》"賓載手仇"之仇。諸家所考，尚莫衷一是，迄不能隸定，就其文例觀之，殆祭名也。

第十五片　甲

甲　癸亥卜貞
　　王旬亡猷
　　在十月甲子翌
　　象甲

乙　癸未卜貞
　　王旬亡猷
　　甲申翌日
　　且甲

丙　癸卯卜貞
　　王旬
　　亡猷

丁　癸亥卜
　　貞王旬
　　亡猷在
　　二月甲子
　　祭大甲

戊　癸未卜貞
　　王旬亡猷
　　在二月

己　□卜貞
　　[王旬]亡
　　[猷在]三月

第十六片　甲

戊寅卜貞
王宊大戊
譽亡[尤]

王宊，亦作王𡧍，或作王𡧍，卜辭有"貞：王𡧍妣甲"（《後編》上七・一一）；"貞：王𡧍叙亡尤"，"貞：王𡧍叙亡尤"（《續編》二・一〇・六），不得視"王宊"、"𡧍貞"宊、𡧍字截然有别，此爲例外。虘鐘"用濼好賓"，字作仿，是𡧍、宊爲賓之明證。羅振玉云："《周書・洛誥》'王賓殺禋咸格'猶用殷語。"（《增訂殷虚書契考釋》卷下頁五十九）是也。則𡧍、宊爲賓之本字。後世以賓爲賓客字，别加人旁作儐以代賓。《説文》"賓，所敬也"，"儐，導也"。殷卜辭有"王其宊"（《後編》下七・一）。《禮記・禮運》："山川所以儐鬼神也。"注云："儐禮鬼神而祭山川。"此與卜辭王賓之義同。郭沫若先生云："其从止者，即示人至其下頂禮也。"（《甲骨文字研究・釋祖妣》）[11]

第十七片　甲

甲　□貞王宊□
　　□亡尤

乙　□卯卜貞王
　　[宊]小甲彡夕
　　[亡]尤

第十八片　骨

甲　癸酉王卜貞旬亡
　　猷在十月甲戌彡戔甲

乙　□王卜[貞旬]
　　[亡]猷

第十九片　甲

甲　癸卯
　　王旬
　　亡

乙　癸未
　　貞
　　亡

丙　癸未卜貞
　　王旬亡
　　戔甲十四月

丁　□來▨
　　旬亡猷

葉玉森云："其文兩戈對植，乃止戈之義，疑即《書》'西伯既戡黎'之戡。《説文・

[11]　此頁有批注："《禮運》：'禮者，君之大柄也，所以别嫌明微，儐鬼神。'《尚書・堯典》'寅賓出日'，徐邈讀爲'儐'。《史記》'寅賓'作'敬道'，《周禮・大宗伯》作'儐'，注云'儐，進之也'。是'王賓'猶言王進也。"

戈部》作戓，象止戈，不用爲戩定之形，戩音綏讀爲河亶，戩甲殆即河亶甲歟。”（《殷虚書契前編集釋》卷一第五十四頁）郭沫若先生云：“甲，羅未釋。別有戋字（見《前編》四・三七・五，又《通纂》五九一），則釋爲戔，云‘《說文解字》“戔，賊也，从二戈。周書曰：戔戔巧言。”案卜辭从二戈相向，當爲戰爭之戰，乃戰之初字。’（《殷釋》中，六九）今案亦二戈相向，亦戔字也。戔甲，當即河亶甲，河亶者，戔之緩言也。又殷王之名甲者有大甲、小甲、河亶甲、沃甲（芍甲、𥶵甲）、陽甲（象甲、喙甲）、祖甲。其於甲日卜祭某甲而合祭某甲者，二甲必相次，所祭者在前，所合祭者在後。今舉其例如次：‘甲申祭祖甲𥁕喙甲’（見《前編》一・十九・五，又《通纂》六九），‘甲午喙甲𥁕𥶵甲’（見《前編》一・四二・二，又《通纂》一一五），‘甲□小甲[𥁕]大甲’（見《後編》上一九・一二，又《通纂》二一三）。所祭二甲均後先相次，今言‘□戔甲𠭰小甲’（見《林氏》一・二・十，又《通纂》一七六），又‘祭戔甲𠭰日小甲’（見《林氏》一・二・九，又《通纂》一七八），戔甲與小甲爲次，亦正當於河亶甲也。”（《卜辭通纂》考釋頁四十一）董作賓云：“甲，疑即河亶甲，卜辭有一版兩辭，見於《殷契徵文》帝系類，其所舉之次第爲羌甲、甲。考殷世系中名甲者七，惟河亶甲不見，殷世系中以三字名者，除河亶甲外無第二人，則‘河亶’二字似已有誤，疑甲本是河亶甲本名。觀上二辭，二世三世皆相銜接，可知甲必在小甲之後、祖甲之前，甲爲其間三個名甲者之一，非河亶甲莫屬，《太平御覽》引《竹書紀年》有開甲之名，以爲即沃甲，似誤。開甲疑即甲，即河亶甲。開从从門，與形極近，開或即之誤字，又誤以爲即沃甲，輾轉錯訛，真象更不可知矣。”（《斷代研究例》頁三三四）吴其昌云：“戔甲者，獨惟有河亶甲爲可當耳。更以聲音推之，則‘戔’與‘亶’，古無舌上音，當皆讀若‘旦’，此可以經典異文校勘之術驗之。《禮記・曲禮上》：‘日而行事，則必踐之。’鄭注：‘踐讀若曰善，字之誤也。’而《儀禮・既夕禮》鄭注則云：‘古文旜作膳。’又《聘禮》鄭注則云：‘古文旜皆爲膳。’可證古文从‘戔’、从‘善’、从‘亶’者之寔爲一字一聲矣。又楊雄《方言》三：‘廛或曰踐。’而《一切經音義》十一乃云：‘鱣古文鱓同。’又《漢書人表》‘安陵繵’，顔師古注云：‘繵即纏字也。’可證古文以从‘戔’、从‘廛’、从‘亶’者之寔爲一字一聲矣。又《管子・參患》：‘甲不堅密，與俴者同實。’注：‘俴，單也。’按注語是也。謂所披之甲而不堅實，則其實同單衣也。而《詩・昊天有成命》‘單厥心’，《國語・周語》引作‘亶厥心’。又《詩・桑柔》‘逢天僤怒’，《釋文》云：‘僤本作亶。’可證古文从‘戔’、从‘單’从‘單’[12]者之實一字一聲矣。更以詛詮求之，《易・賁》有‘束[13]帛戔戔’之語，以‘戔戔’狀‘束’，而《廣雅・釋詁三》乃明有‘稽，束也’之訓。由上四道以推驗之，皆是以爲‘戔’、‘亶’古文實係一字一聲之佳證，則‘戔甲’之即爲‘亶甲’，即從經典上之史料證之，亦致明瑩無惑也。又‘亶甲’之名，見於經典群籍者：《史記・殷本紀》作‘河亶甲’……《尚書序》亦云‘河亶甲居相，作《河亶甲》，亡’；《御覽》卷八十三又引《史記》佚文云‘帝河亶甲時，殷復衰，河亶甲在位九年崩’（此句佚文）；又引《竹書紀年》云‘河亶甲整即位，自嚻（囂）遷于相。征籃夷，再征班方’。按《史記》所據蓋即本之《世本》，‘河亶’之字，當即起於戰國時，《世本》及《竹書》寫着之曰：以金文、契文時代人名之慣例按之，則誠如董氏所疑，不倫太甚。然則此‘河’字，

[12] 後“从單”二字當爲衍文。

[13] “束”當作“朿”，下同。原稿中“朿”多誤作“束”，下“敕”當作“敕”。

果何自而來耶！其昌疑‘河’字來源，乃由于‘亶甲’曾徙宅於‘西河’之故，‘河亶甲’猶云‘西河’、‘亶甲’也。故亦頗多直名以‘亶甲’者，如《尚書序》孔傳云：‘且乙，亶甲子。’《正義》中作‘亶甲’者，尤緐不勝舉。宋人《考古》、《博古》諸圖，於殷虚出土之器往往注云：‘出洹水之濱，亶甲墓旁。’（例如《考古》四・四五）王肅、孔頴[14]達輩必於故書佚籍中遠有所本。王黻、吕大臨輩，必本之當地土着千載相沿之舊稱也。然則‘河’字乃根本後人所加，非其朔也。本作‘兆甲’，由聲轉而遞變焉，則爲‘亶甲’，由形轉而婁譌焉，則有作‘整甲’者矣。《吕氏春秋・季夏・音初》篇：‘殷整甲徙宅西河，猶思故居，實始作爲西音。’蓋本當作‘殷兆甲’，其後由‘兆’譌‘敕’，由‘敕’譌‘整’耳。”（《殷虚書契解詁》，《文哲季刊》三卷四期頁六八五—六八六）諸家先後考釋，各有獨到之見。“十四月”之“四”字乃“三”字之譌，或謂殷有十四月爲再閏者非是，詳《殷曆甄微》。

第二十片　骨

甲　貞㞢
于且
乙告

乙　戊㞢
蔑
羌

丙　貞求
戊于
且乙

丁　□
戊

蔑，人名，卜辭中習見。

第二十一片　骨

甲　□貞王［寍］
且辛歲［亡尤］

乙　□［未］卜
□寍
□亡

第二十二片　甲

□寅□
□王貞□
□于且丁□

第二十三片　甲

甲　□㞢于□
□父乙小宰□

乙　□乎評

父乙者，武丁稱其父小乙也。案《周禮・天官》“宰夫”之法，鄭注“三牲牛、羊、豕具爲一牢”，《吕氏春秋・仲夏》“以太牢祀于高禖”，《淮南子・修務訓》“如饗太牢”，高誘注並云：“三牲具曰太牢，所謂三牲殆牛、羊、豕也。”《國語・周語》“饋九牢”，韋注：“牛、羊、豕爲一牢。”又《齊語》“環山於有牢”，韋注：“牢，牛、羊、豕也。”牛羊豕爲一牢者，亦太牢也。《左氏春秋》桓六年傳杜注云：“太牢，牛、羊、豕也。”鄭注《儀禮・少牢饋食禮》“佐食上利升牢”及“佐食取牢”，並云：“牢，羊、豕也。”案《儀禮・少牢饋食禮》賈公彦疏引鄭玄《儀禮目録》云“羊、豕曰少牢”，是鄭氏蓋以牛、羊、豕三牲具爲太牢，以羊、豕爲少牢。《公羊春秋》桓八年傳何休《解詁》云“牛、羊、豕凡三牲曰太牢，羊、豕凡二牲曰少牢”，《山海經・西山經》郭注云“牛、羊、豕爲太牢，羊、豬爲少（牢）也”。漢晋唐以來之經生，詮詁太牢、少牢之别，固在三牲與二牲也。今徵之甲骨文字有大牢、小牢，大牢字从牛作牢，小牢字从羊作宰，截然不同，間或相混，如“貞翌辛未其㞢于血室，三大宰，九月”（《鐵雲藏龜》一七六），“其寧風，伊爽一小牢”（《殷契粹編》八二八），此必契者筆誤。

[14]“頴”當作“穎”。

牢行而宰廢久矣,彝器銘文中已無宰字,[15]惟《古泉匯》小圓足幣及方藥雨所藏圓足大幣、《東亞錢志》下陽人邑布、日本銀行所藏布上布衡陽布之背文,皆作宰,是西周以來宰字之僅見。太、大古通,少、小同字,大牢、小宰,遂演爲大牢、少牢矣,以羊小於牛,故目牛爲大牢,而名羊爲小宰,則大牢爲牛、少牢爲羊。《大戴禮·曾子天圓》云“諸侯之祭祀,牛曰太牢;大夫之祭牲,羊曰少牢”,[16]證之甲骨文,其以牛爲太牢、羊爲少牢,碻爲殷商之制。然以太牢、少牢爲諸侯、大夫祭牲之别,則未安,甲骨卜辭皆殷商王朝遺物,其祭祀皆王者之祭,太牢、少牢,固無天子、諸侯、大夫之不同也。乎即評,説詳下。

第二十四片　甲

甲　癸□
貞□
亡□
四月□
彡□
乙　□卜貞
[王]旬亡猷
[在]五月
□象甲

第二十五片　骨

庚寅卜貞□
□兄庚歲于□

兄庚即祖庚,祖甲時稱兄庚。

第二十六片　甲

戊午[卜貞]
王𡧊且甲[奭]
妣戊彡日[亡尤]

第二十七片　甲

□且甲彡
[日亡]尤

第二十八片　甲

甲　癸□[卜貞]
且甲[丁其牢幽用]。
乙　□[卜]貞
□丁其[牢]
[幽]用。

第二十九片　甲

丙午□
康[祖丁]
丁其[牢]

第三十片　甲

丙□
康[祖丁]
丁其牢

第三十一片　甲

甲　其□
乙　丙戌□
康[祖丁丁]
其[牢]

第三十二片　甲

□卜貞王
[𡧊]武乙祭
[亡]尤

第三十三片　甲

甲申[卜貞]
武乙[勺]
丁其[牢幽用]

[15] 此處有批注:“唐吾款古幣宰字乃禼字,與宰無涉。”
[16] 此句當作“諸侯之祭牲,牛,曰太牢,大夫之祭牲,羊,曰少牢”。

第三十四片　甲

甲　□卜貞□

□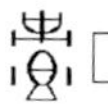□

乙　□卜

□武乙

第三十五片　甲

□卜貞□

□武乙□

□亡尤

第三十六片　甲

甲　甲寅卜貞□

武乙□

其牢□

乙　□羊

□用

第三十七片　甲

甲　丙寅□

貞武丁□

牢□

乙　□貞

□其

第三十八片　甲

且已

□

第三十九片　甲

□卜貞王

［宓］己且

［翌日］亡尤

案“己且”當是“且己”之誤倒，他辭云“［己□］卜貞：王宓且己［翌日］亡尤”，“己卯卜貞：王宓且己翌日亡尤”（《前編》一·二三·五），語例並與此同。考《史記·殷本紀》所載殷商帝系無祖己，故羅振玉以爲即《尚書·高宗肜日》之祖己（《殷虛書契考釋》卷上頁十三）。考其祀典與先王同，王國維云：“或即雍己、孝己。”（《觀堂集林》卷九頁十）近似。又考祖己者，祖庚、祖甲時稱兄己，廩辛、康丁時稱父己，武丁以後則稱祖己。《戰國策·秦策》、《燕策》，《莊子·外物》，《荀子·性惡》、《大略》，《吕氏春秋·必己》，《北堂書鈔》卷一二九、卷一三四，《太平御覽》卷四一三、卷七〇七所引《尸子》，《漢書古今人表》咸有孝己。《孫[17]氏家語·弟子解》云：“武丁以後妻殺孝己。”是孝己爲武丁子。卜辭云“己巳卜貞：王宓祖己，亡尤”，“庚午卜貞：王宓祖庚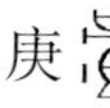，亡尤”（《前編》一·一九·一），祖庚與祖且[18]同列，則祖己爲孝己必矣。或謂即雍己，非是。蓋雍己於卜辭作、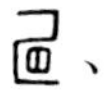、、、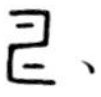、諸形，爲吴其昌之創見，並謂乃“□己”之合文（《殷虛書契解詁》頁六七五）。以後董作賓補充之（《論雍己在殷代祀典中的位置》）。郭沫若先生亦從其説，遂成定論。

第四十片　甲

正　貞勿□

于妣

癸幺幺

□

背　辛卯

卜旁

第四十一片　甲

□庚

□貞其

□妣庚

殷王先妣名妣庚者五，示壬、祖辛、沃甲、祖丁、小乙之配是。此辭殘闕則不知其

[17]　“孫”當作“孔”。

[18]　常玉芝認爲“且”应爲“己”之誤。

所配矣。

第四十二片　骨

甲　　丙申

乙　　壬寅

丙　　丙申卜穷

　　　貞于沔

　　　求年

丁　　貞勿

　　　▨　甫

第四十三片　骨

貞于

□

，人名，卜辭中習見，字不識。羅振玉釋“兕”。郭沫若先生云：“卜辭自有𠷎字……當是皃之古文，象小兒有總角之形，皃聲與豹聲相近(《説文》皃之或體作貌，‘从頁，豹省聲’)，或即高辛氏之才子叔豹矣。”(《通纂》考釋頁五七)容希白先生擬“兕”爲“若”之形譌。董作賓釋爲殷先公离之名。

第四十四片　骨

正　　庚

　　　月 (蝕)

　　　▨

背　　□王固曰㞢𣎆(祟)

　　　㝃

郭沫若先生云：“ 字，羅、王誤釋爲求，孫詒讓釋𣎆，得之，而未能通其讀(《契》上廿六)。余謂乃假爲祟：《尚書》‘竄三苗’，《説文》‘𥦯’字下引作‘𥦯三苗’；《左傳》昭元年‘周公殺管叔而蔡蔡叔’，《釋文》‘上蔡字《説文》作𣏵’。今《説文》雖無𣏵字，而殺之古文或作 ，與𣎆之古文作 者其實一字。而近出魏石經《春秋》‘蔡人’字古文作 ，蓋蔡、殺、竄、𥦯古音相近，故互相通假，而同以𣎆作之。𥦯从祟聲，是知卜辭之‘㞢𣎆’字又假爲祟矣。”(《通纂》考釋頁八十七)沈兼士又引申此説(《𣎆、殺、祭古語同原考》)。楊樹達以𣎆與歲同音(《卜辭求義》頁十七)。

第四十五片　骨

□三日丙申月 (蝕)□

五

殷周以干支紀日，不以數字。“三日丙申”非月之初三日丙申，乃甲午之日卜將有某事，越三日丙申，果有其事而追記之辭。 字葉玉森釋“亜”(《殷契鉤沈》卷乙頁一)。郭沫若先生釋“蝕”(《甲骨文字研究》上)，是也。

第四十六片　骨

甲　　庚

乙　　□又[有] (蝕)

丙　　□乙□

第四十七片　甲

貞鳳(風)

二

第四十八片　骨

甲　　癸

乙　　壬寅卜

　　　允雨風

丙　　不雨

丁　　癸卯卜

　　　貞旬亡

　　　囚

第四十九片　骨

甲　　田

乙　　戊不雨

　　　征大

　　　啓

丙　　□方

　　　□用

《説文》云：“啓，雨而晝晴也。”董作賓謂啓、霽叠韵之轉，霽、晴又雙聲之轉（《商代卜辭之推測》，《安陽發掘報告》第一期頁九十二）。考此字作，或增口作，或省又作，或从日作、作，或从月作，其本義爲啟。羅振玉謂“自名以評門者往又启之”（《殷虚文字類編》卷二頁六），後借爲雨而晝晴之霽。从日者象晝晴啟户見日，从月者象夜晴啟户見月也。

第五十片　骨

貞令
攺雨

第五十一片　骨

甲　貞㞢
　　弗日
　　酒
乙　貞來
　　乙未
　　不雨

“來”指未來，如來月、來日。

第五十二片　甲

□丑卜㱿
□
不其
雨

字内塗朱。

第五十三片　甲

貞今夕
不雨

第五十四片　甲

□夕不
□雨

第五十五片　甲

貞雨
不
隹

第五十六片　甲

今夕
雨

第五十七片　甲

□寅不
其雨

第五十八片　甲

甲　貞叀
　　雨
乙　允雨

第五十九片　甲

貞今夕
不其
雨

第六十片　甲

貞今夕
不雨

第六十一片　甲

貞今夕
其雨

第六十二片　骨

□其雨□

第六十三片　骨

甲　戊辰卜貞
　　今日不□
乙　其雨

第六十四片　骨

貞今夕
其亦（𡧊）雨

第六十五片　骨

甲　貞其

　　疾

乙　貞其

　　㞢大

　　雨

丙　癸酉

第六十六片　骨

甲　其雨

乙　戊寅丨卜貞

　　⧄亡

"寅"下豎劃當是"卜"字，卜辭缺刻劃之例，知刻甲骨或先刻直劃或先刻横劃，此先刻"卜"之直劃誤重兩"卜"字之直劃，及刻横劃時下一"卜"字組成字，上一直劃則衍文，何以不補刻第一"卜"字，因第二卜字之地位乃貞人名。

第六十七片　甲

甲　己酉

　　今雨

乙　⧄

第六十八片　甲

甲　貞今夕

　　不雨

乙　□今夕

　　□雨

第六十九片　甲

甲　癸卯卜□

　　今夕

　　雨

乙　⧄

第七十片　甲

甲　貞□

　　雨□

乙　□丙

第七十一片　骨

貞

庚

易日

卜辭"日"二字屢見，孫詒讓讀爲"更日"(《契文舉例》)。羅振玉讀爲"錫日"(《殷虚書契考釋》)。郭沫若先生云："易字與攴、雨、霧等，同見于一片，或同卜于一辭，其有關天氣之事無疑。準此以求之，余謂易乃暘之借字。《説文》云'暘，日覆雲暫見也，从日，易聲'，是則易日猶言陰日矣。"(《殷契餘論》)。孫海波先生云："易當讀如字，更也，變也。易日、不易日猶言變天、不變天也，《莊子・陽則》云'四時殊氣，天不錫，故歲成'，不錫猶言不易，與卜辭易日同義。《集解》引宣云'賜則私也'，誤。天不易即天不變，特《莊子》就一年之天道言，卜辭係就一日之天道言，二者義有廣狹耳。"(《誠齋殷虚文字考釋》頁十四)

第七十二片　骨

甲　其□

乙　戊辰卜貞

　　今日雪

丙　□雪

第七十三片　甲

□辰卜王

□雪⧄

□月

第七十四片　骨

甲　其雪

乙　戊申卜貞

　　今日雪

丙　雪

第七十五片　甲

甲　貞

乙　壬午卜㱿

貞乎（評）

□楷□

㱿，武丁時貞人名。乎，《説文》云："語之餘也。"《尚書・堯典》"嚚訟，可乎？"，即用爲語之餘。甲骨、金文絶無作語之餘用者。師虎毁："王乎内史吴曰：册命虎。"牧毁："王乎内史吴，册命牧。"頌鼎："王乎史虢生，册命頌。"豆閉毁："王乎内史，册豆閉。"郭沫若先生云："乎字讀爲呼，殷周古文均如是。"（《卜辭通纂》考釋第十二葉）案《説文・言部》"評，召也。从言乎聲。"又《口部》"召，評也。"二字互訓。是甲骨、金文乎字即召評之評，是乎乃評之本字，因後世借爲語之餘，則别加言旁。孫詒讓云"乎即評省"（《契文舉例》上第十六葉），非是。古者言、口相通，故後世經典又作呼。《廣雅》："召，評也。"疑魄字，人名。

第七十六片　骨

不其

受

年

第七十七片　骨

甲　受黍

　　年

乙　受

　　年

第七十八片　骨

戊寅卜

敗

字从貝从又，舊釋得，非是，《説文》："㝵，取也。从見寸。"當是敗字。

第七十九片　甲

癸巳卜旅

貞翌乙未

□酒□

隹其□

□又□

旅，祖丁[19]時貞人名。

第八十片　骨

甲　□十牢十一月

乙　□用

第八十一片　骨

甲　□㱿□

乙　□午卜㱿□

　　卯三牢□

卯爲用牲之名。王國維云："古音卯、劉同部。柳、留等字，篆文从丣者，古文皆从卯。疑卯即劉之假借字。《釋詁》：'劉，殺也。'漢時以孟秋行貙劉之禮，亦謂秋至始殺也。"（《戩壽堂所藏殷虚文字考釋》頁五）字爲兵器之象形。

第八十二片　骨

□田圂每示

《説文》："田，陳也。"圂字，舊日金文家吴式芬釋宜（《攈古録金文》）。吴大澂釋祖（《愙齋集古録》）。近年羅振玉釋爲俎，云："俎者，陳牲體于俎。"（《殷虚書契考釋》下頁六一）王國維云："圂即俎字。《説文》：'俎，禮俎也。从半肉在且上。'此象二半肉在俎中，殆《周語》所謂'房蒸'，《詩・閟宫》傳所謂'大房'，半體之俎也。"（《戩壽堂所藏殷虚文字考釋》頁一）容庚先生謂俎、宜同訓肴，當是一字。于省吾先生以爲即宜之初文，當讀如菹醢之菹。古者祭祀燕饗用俎陳牲置肴，案幕彝銘云"戍鈴障圂于䣝"（《歷代鐘鼎款識法帖》卷二，頁三十八），矢令毁銘亦云

[19]"丁"當爲"庚"字之誤。

“作册夨令隮㘡于王姜”(《貞松堂集古遺文》卷六頁十一之十三)，是隮㘡爲殷周恒語，殆即《禮記・樂記》之“尊俎”，《莊子・逍遥遊》、《史記・樂書》所謂“樽俎”，是其明證。釋爲宜則未洽。此字於卜辭中有用於先祖先妣或地名者，有用爲用牲之法者。“田㘡”之㘡乃地名。八十三片“㘡牢”字則是用牲之法。卜辭攺與每對文，攺爲啟之省。雨晝晴爲啟。每爲晦之本字。《説文》：“晦，冥也。”《春秋》僖十五年：“晦，震伯夷之廟。”《公羊傳》云：“晦，晝冥也。”《爾雅》“霿謂之晦”，言蒙蒙不明也。《毛詩》“風雨如晦”，傳云：“晦，昏也。”是晝而昏暗爲晦也。[20]

第八十三片　骨

㘡牢

第八十四片　甲

甲　貞九

　　牛十一月

乙　□十月

第八十五片　甲

甲　叀羊

乙　叀羊

丙　□羊

第八十六片　骨

叀羊叀□

唐蘭先生云：“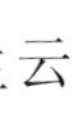當爲叀……叀古讀當如惠，故金文多以叀爲惠，而惠得从叀聲。惠字古用語詞。《左傳》襄二十六年‘寺人惠牆伊戾’，服注‘惠、伊皆發聲’，其義當如惟字同。《書・洛誥》云：‘予不惟若兹多誥。’《君奭》云：‘予不惠若兹多誥。’句例全同，不惠即不惟也。……楊筠如《尚書覈詁》謂疑惠當作惟，又引《左傳》服注謂古書‘惟與伊同爲發聲，不見惠字，則惠亦之假也’。……按：楊氏讀惠爲惟甚是，其謂惠爲惟之假則誤。誤[21]詞豈有正字，作惠、作惟，同是假借，更假惠爲惟哉……[22]知叀與甶同讀惟，則見千百卜辭之甶若惠字，罔不迎刃而解。”(《天壤閣甲骨文存考釋》頁三十三)羅振玉云：“《説文・角部》：‘觲，用角低卬便也。从牛、羊、角。《詩》曰：觲觲角弓。’又《土部》：‘垟，赤剛土也。从土，觲省聲。’案‘觲觲角弓’，今《毛詩》作‘騂騂’。‘赤剛土’之‘垟’，《周禮・草人》故書作‘挈’，今亦作‘騂’。騂字不見《説文》，本當作羊，觲、垟二字以之爲聲。許君云‘觲从牛、羊、角’、‘垟从觲省聲’，蓋不知古本有羊字也。”是“叀羊”殆謂“隹騂”也。

第八十七片　甲

甲　其牢又(佑)

乙　牢牛

第八十八片　甲

其鹿

六□

入

第八十九片　甲

甲　貝

　　貝

乙　貝

　　□

　　三

疑即字。

[20] 原稿天頭有批注：“《禮記・玉藻》言‘三俎’、‘五俎’。《儀禮・公食大夫禮》言‘九俎’。《國語・周語》‘陳其鼎俎’，韋注云：‘俎設于左，牛豕爲一列，魚臘腸胃爲一列。’《山海經・海外西經》‘祭操俎’，郭注訓俎爲肉几。”

[21] “誤”當作“語”。

[22] “更”前脱“寧有”二字。

第九十片　甲

甲　辛丑

乙　今
　　酒

丙　隻(獲)
　　鹿

第九十一片　甲

正　其受

背　

第九十二片　骨

甲　往□
　　尊□

乙　□𠀠
　　□自
　　□牛

𠀠,武丁時貞人之名,唐蘭先生《古文字學導論》定爲古字。

第九十三片　骨

甲　王勿
　　于𨗨
　　酒入

乙　貞沈
　　十牛

第九十四片　骨

甲　丁丑卜在[]
　　貞今夕自不
　　㞢𢆶御

乙　其㞢

丙　戊寅卜在
　　貞今夕自不㞢

丁　其㞢

戊　[己卯卜在]
　　[貞今夕自]不㞢

案:乃地名,不識。郭沫若先生疑是漏字(《通纂》考釋一三二頁)。唐蘭先生云:"㞢,讀作震。"(《殷契卜辭》第八十九條)郭沫若先生云:"㞢乃古辰字。旅鼎'辰在乙卯'作,與此同。……此讀爲震。《商頌·長發》:'何(荷)天之龍(寵),敷奏其勇,不震不動,不戁不竦。'"是也。葉玉森釋踬(《殷虚書契前編集釋》卷二頁二十六),屈萬里從之(《自不踬解》),非是。[23] 自,古師字。盂鼎銘"古(故)喪自",克鐘銘云"至于京自",喪自、京自,即喪師、京師。師爲軍旅。《周易·師卦》六三爻辭:"長子帥師。"《説文》"官"字下"自猶衆也"。《公羊傳》桓九年:"師者何?衆也。"是許慎已知自、師同字。

第九十五片　甲

甲　丁酉□
　　日
　　王今□

乙　今夕自不
　　㞢

丙　其㞢

第九十六片　骨

壬午□
南狱□
夕自

第九十七片　骨

甲　□卜
　　□登
　　□乎

乙　□辛□貞

案:"登"即《史記·周本紀》"維天建殷,其登名民三百六十夫"之"登"。王襄云:"登人,疑即《周禮·大司馬》'比軍衆'之事,將有征伐,故聚衆。"登即徵召之徵,登、徵二字

[23] "非是"二字當爲衍文。

古音同在登部，又同爲端母字，其聲亦同。《説文》：“徵，召也。”卜辭之登人即徵人，詳《殷商兵制鉤沉》。

第九十八片　骨

甲　如

乙　貞方

𢦏昷

登人

丙　貞不隹

帝令

乍戉囚

丁　如

戊　□帝

令

第九十九片　骨

甲　貞勿

登人

五千

乙　貞弗

其受

㞢又(佑)

丙　貞勿

伐中

方

丁　受

又

戊　貞王

伐中方

受㞢又

己　□辰

第一百片　甲

正　□貞登

人乎(評)□[伐]

方

背　曰吉

字之解釋，孫詒讓云：“《説文·日部》：‘昌，美言也。从日，从曰。一曰日光也。籀文作。’……今考此字，上从口，下从曰，與籀文上日下口形小異大同。今所傳古幣，有作昌字者，其文作、，上亦从口，與此正同。”(《契文舉例》)王國維云：“方，國名。孫比部釋爲昌方，然昌字無作之理。惟卜辭吉字或作，或作，與相似，然無由證、之爲一字也。”葉玉森云：“卜辭之異體，間作、，無一作形者，吉字亦無一作形者，其非一字可以斷定。予舊釋苦，《説文》：‘，舌貌。’倒置之，與卜辭、所从之、相似。从，象舌，下象其系，象其紋，、則省，疑古象形舌字。、象舌出口，乃古苦字。味苦則吐舌出口，猶(甘)象人含一物於口，以表味甘。古人由辨味始造甘苦字，其文必表象以指事，非若許君含道古聲之訓也。《禹貢》：‘惟箘簵楛，三邦底貢。’馬融注言箘簵楛三邦所致貢，以箘簵楛爲三國名，核之《禹貢》辭例，適合《禹貢》所紀。各國無渾稱幾邦不舉其名者，此三國之本名，疑爲困、路、苦。後世或因困、路二國産竹，可爲箭材，因繫以竹，苦國産木，可爲箭幹，因繫以木。復名其所産之竹爲箘爲簵，故《國策》曰‘箘簵之勁’，所産之木爲楛，故《家語》曰‘楛矢’。方殆即苦國，其國出矢。《後編》卷下第十七葉有辭云：‘〼于王曰匄苦方矢。’匄，求也。苦方以矢著名，故殷求之，所謂楛矢是也。《荀子》‘窳苦不便利者弱’，苦即楛，古本通叚。”(《殷契鉤沉》四，《前編集釋》卷一頁九五至九六)林義光始釋爲鬼方(《鬼方黎國并見卜辭説》)。董作賓、傅東華從之。唐蘭釋舌，其説云：“爲在中，者盧也。爲之倒形。卜辭有字，舊不能識(見《甲骨文編》附録三・三)。郭沫若氏因工𢀛連文,工或作若,謂'當是工之異,猶之作、之作也'(《通纂》考釋六三頁)。余謂郭氏以爲工,至精且確。惟形實後起,由省變而成,與爲相似,非變異爲也。倒爲(《後下》廿七),當即字所从之。近見《柏根氏藏甲骨文字》有字,即𢀜,當釋爲扛。又有字,即𢻱,當釋爲攻……其所从之若,即或所从,尤爲顯明,則爲从工之字可斷然無疑。象工在中,以象意聲比例推之,當爲从、工聲,今無其字。卜辭用爲國名,則當是邛之本名。卜辭有方,舊不識,余以爲巴方。又有蜀。則當即邛笮之邛,其地四川之邛縣,在殷時當甚强盛,故爲西方之鉅患也。"(《天壤閣甲骨文存考釋》頁五十四)案:孫、王之説,辨識文字,未謂得也。葉氏説,惟董作賓、許敬參二氏用之。而董氏又從林氏,亦疑苦方或即鬼方,故其作殷商鄰國之圖,竟位苦方於西北一角,蓋即傳注相沿以爲鬼方之所在爲西北(董説見《甲骨文斷代研究例》,許説見《殷虛文字存真》第一集考釋)。李旦丘云:"孫、王所釋固誤,而葉釋亦可謂想入非非。蓋字所从之,與册之同,亦即示字。今此字从口从示,實當爲哧,乃《玉篇》所收古文嗜字。地望不可知。"(《摭考》二十四下)唐氏説亦爲多數治甲骨者所不取。郭沫若先生初曾釋爲吕,其後作《卜辭通纂》、《殷契粹編》,以及孫海波先生之《甲骨文録》,并置此字於"奇"字之列。商承祚先生之《殷契佚存》、李旦丘之《鐵雲藏龜零拾》、金祖同之《殷契遺珠》,則皆缺而不釋,可見諸家考釋之未得爲定論矣。平心而論,葉氏之釋吐舌爲苦,未免近於杜撰,塙如唐氏所云。然唐氏之説,亦迂迴過甚,未便遽信。且"方"二字連用見於卜辭者,無慮數百次,其爲當時與殷商交涉至密之方國,自不待言。正如郭先生所説,征伐例中所見最多,若果釋爲苦方若邛方,不應古來史乘竟無一語之記載,此其説之所以未可必據者也。

第百零一片　骨

□卜㱿[貞]□

□隹□

王往伐

方下上弗若

不我其受[又]

第百零二片　骨

□日其雨。

□王徝伐土方受□

或作,孫詒讓釋德(《契文舉例》下頁七),羅振玉從之。葉玉森釋循,通巡(《殷契鈎沉》卷乙頁五)。郭沫若先生謂此字蓋直之緐文。由金文德若悳字觀之,則古文直字僅作直若徝,無作直者。小篆从乚蓋形之僞。直者正也。徝猶征伐之征。又直音古與特同,則由雙聲讀爲撻伐之撻,亦可通(《卜辭通纂》考釋一一〇)。是也。土方,郭沫若先生以爲今包頭附近(《土方考》)。

第百零三片　骨

正

甲　〼

　　酉夕

乙　□貞叀

　　亡

　　囚

背

　　□五日丁未允㞢來□

　　告曰方𡆥于我

□三邑

此癸卯日卜將有某事，越五日丁未，果有方來征之事，故追記之。

第百零四片　骨

甲　貞王
勿从
沚戓

乙　乙亥
卜㱿

丙　貞王
从
沚戓

丁　貞弗
其受
㞢又(佑)

戊　貞王
勿从
沚戓

第百零五片　骨

甲　戈

乙　貞乎
子畫
以先新射

丙　允其
𦎫

丁　貞𠂤
般以
又

戊　

第百零六片　骨

正　□卜□

背　□方出□

第百零七片　骨

甲　甲申卜
乎衛□

乙　□子卜
[王]省于
□三

爲省之本字。或以爲从目、生聲，即目病生翳之眚，或釋爲相，皆失其朔義。郭沫若先生云："省當讀爲獮[24]。《禮記・明堂位》：'春社秋省。'注云：'省讀爲獮。獮，秋田名也。'又《玉藻》：'唯君有黼裘以誓省。'注亦云：'省當爲獮。獮，秋田也。'"（《殷契粹編》考釋頁一二二）郭先生讀省爲獮，是也。案：《爾雅・釋天》"秋獵爲獮"，故《釋詁》云："獮，殺也。"《周禮・夏官上・大司馬》鄭注并訓獮爲殺，"秋田爲獮。獮，殺也"。是故"王省"者，殷王秋田殺獸之謂也。

第百零八片　骨

甲　癸□
貞□
王□
王㱙

乙　癸亥王卜
貞旬亡猷
王𡆥曰吉
在王㱙

丙　癸酉王卜
貞旬亡猷
王𡆥曰吉
在王㱙

丁　癸未王卜
貞旬亡猷
王𡆥曰在
□

---

[24] "獮"，據郭文當作"獮"，下同。

戊　□王卜貞
□吉

第百零九片　骨

甲　癸（己）[25][王卜]
貞旬[亡猒]
王在□
王𠨘□

乙　癸卯王卜
貞旬亡猒
王𠨘曰吉在
𩰫

丙　癸丑王卜
貞旬亡猒
王𠨘曰吉
王在𩰫

丁　癸亥王卜
貞旬亡猒
王𠨘曰吉
在𩰫

第百一十片　甲

甲　□在上𩰫□

乙　□卜在𩰫□
□王旬亡□

丙　□上𩰫□
□旬亡□

第百十一片　甲

甲　癸□
在上□
貞王□
猒在□

乙　□申卜在
[上]𩰫貞
□亡猒
□月

第百十二片　骨

□卯王卜貞旬亡猒
□𠨘曰吉在六月
□𩰫

𩰫或釋次，楊樹達釋和。“𩰫”上闕文必是地名。

第百十三片　骨

癸巳王[卜貞]
旬亡猒[王𠨘]
曰吉在五[月]
在▨

第百十四片　骨

今載从
㞢又（佑）

第百十五片　甲

正　□
□小臣□
□來嬉自□　（字內涂朱）

背　□㱿貞旬□

案：小臣，官名。“來嬉”之“嬉”字亦作，它辭言“戊寅卜貞：今日亡來囏”（《戩壽》廿六・十二），與《說文》艱之或體同。來嬉即來艱也。

第百十六片　甲

□卜在
□𩰫
□方不
□丝

第百十七片　甲

貞方不□
亦征□

---

[25]“己”當爲“巳”之筆誤。

方是方國名，詳《釋方》。

第百十八片　甲

亩

于▨

亩，人名。卜辭中屢見，如“乙巳卜穷貞亩乎告方出允其”（《前編》五・一七・七），又“丙申貞射亩旨羌用自田”（《後編》上二五・七）。射是官名，《周禮》有射人。亩爲射。

第百十九片　甲

□未卜王

□乎雀□

□射

雀乃人名，而它辭言“庚子卜，雀受年”（《前編》三・一・二），則雀又是地名。

第百二十片　骨

正　丁巳卜咒□

戊往□

㞢（有）嬉□

背　二

告

二

第百二十一片　骨

戊寅卜宄貞令訠途

攸于并八月

訠，人名。并，地名。它辭言“叀般乎（評）田于并”（《通纂》別二・田中・一五）。

第百二十二片　骨

甲　□隹▨令　　習刻

乙　□亘貞令医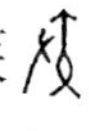□

丙　□貞盾三百射乎▨

案：医之名，見於《殷虚書契後編》卷下頁五。葉玉森《揅契枝譚》釋“挍”。

第百二十三片　骨

辛▨

貞登

从垦［乘］

伐下［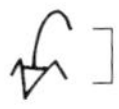］

第百二十四片　骨

貞自□

其□

第百二十五片　甲

□貞

□辜

王國維云：“辜、戟皆迫也、伐也。辜者，敦之異文（《説文》以辜爲純熟之純，殆非。古器如齊侯敦等，皆以辜爲敦）。《詩・魯頌》‘敦商之旅’……猶《商頌》云‘裒荊之旅’。鄭君訓裒爲俘，是也。……《詩・常武》‘鋪敦淮濆’，鋪敦即辜戟之例文矣。”（《不嬰敦蓋銘考釋》）

第百二十六片　甲

勿戎

第百二十七片　骨

甲　□寅卜

　　㕯貞乎

乙　□巳卜㕯

　　［貞］令

第百二十八片　甲

貞勿

值

㦽

第百二十九片　骨

甲　甲午卜□

　　勿㞢于□

乙　辛卯

丙　庚寅卜
貞畢
不征
五月

《説文》“徙”之或體作“征”，它辭言“今夕不征雨”(《前編》一・四九・五)，蓋假借爲止，與此征字同而義有别。

第百三十片　甲

□貞
□自西

第百三十一片　甲

〼焚
方

“焚方”亦見於《前編》六・五三・二，依卜辭通例，凡稱方者方國也。葉玉森云：“焚，國名，疑楚之初文。《路史・國名紀》謂：‘楚，侯國，爲商世侯伯。’《禮・王制》：‘西方曰棘。’棘即楚省，古殆从林不从棘。”(《殷虚書契前編集釋》)

第百三十二片　骨

貞□
王令□
隹寅

第百三十三片　骨

甲　丙辰卜
乎
乙　□丁
□其
不

□

第百三十四片　甲

□于戉
□

第百三十五片　骨

□
受□

第百三十六片　骨

正　□㞢其隹丙不□
背　不

第百三十七片　甲

甲　辛丑卜
貞郭
□囚
乙　□卜㞢
□告
□帚

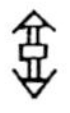即章字，《説文》云：“墉，城垣也。从土，庸聲。章，古文墉。”墉之古文與篆文字同。《説文》又云：“，度也，民所度居也。从回，象城章之重，兩亭相對也。或但从囗。”案：《集韻》以墎爲章之别體，證之《説文》，章即今城郭字。又《説文》冂之古文作冋，从囗，象國邑，古之國邑必有城郭。章从回，回从二囗，其中爲城，其外爲郭。其从囗者，象有城而無郭，知者卜辭丁作□，與城之形同。《説文》謂成“从丁聲”，“城，以盛民也，从土，从成，成亦聲”，是丁與城古音同，則□乃城之初字。又邑从口从，即人，都邑以人口衆多著，故从人，口亦象城之形，而與兩丁字同。囗，《玉篇》音“于非切”，謂是古圍字。《廣韻》音“雨非切”。《説文》音韋，當亦後世之注者，非許氏之舊。自是相承不改，實非古音。所从□即城也，上下之與，象兩亭相對。亭，卜辭作，亦城之義。《説文》：“亭，民所安定也。亭有樓，从高省，丁聲。”是也。

第百三十八片　骨

甲寅□

方⧄

允夕□

第百三十九片　甲

貞𠂤般

其來人

師般，人名。卜辭中屢見。董作賓謂即武丁之師甘盤（《斷代研究例》三七五頁）。其説近是。

第百四十片　甲

甲　壬寅卜

貞令

保□

乙　丁未

□于

□

第百四十一片　骨

□巳卜㱿

□史（使）人

□㠯　三

□㞢曰

⧄

第百四十二片　甲

正　乎見

⧄

背　隹人

見，人名。它辭有云"癸丑卜貞：令見取攼眔什于"（《通别》大一）。是也。

第百四十三片　骨

甲　戌□

乙　辛酉卜貞王

田斿往來

亡王𠧞曰

吉幺卯（御）

丙　壬戌卜貞王

田往來

亡⧄王𠧞曰

吉

丁　□丑卜貞

□往

□王

□幺

斿，地名。，卜辭屢見，亦地名，字不可識。地望均不詳。卯，後世作御。郭沫若先生云："幺御，卜辭恒語，蓋猶他辭言兹用也。"（《殷虚[26]粹編考釋》頁九五）甚是。考御猶用也，幺者此也，蓋依此卜所貞而用事也。卜辭之言戋某地者，下文皆稱往來亡巛，是王畋遊於某地，當日即返，故兼卜往來。

第百四十四片　甲

甲　壬子□

田𡕘□

乙　□寅王卜

□宫

𡕘、宫並地名，地望不詳。

第百四十五片　甲

甲　壬寅□

貞□

于□

乙　□丑卜戒

□王其往

□田亡

巛

第百四十六片　骨

甲　乙亥卜貞王

[26]"虚"當作"契"。

𢓊于往

來亡亡

乙　戊寅卜貞

王𢓊于盥

往來亡

丙　□貞王□

羅振玉云:"《説文》:'𢓜,迹也。从彳,戔聲。'𢓜與踐同。踐訓行,訓往。此从辵,从戔,或省止,與許書之𢓜同,但戈、戔殊耳。"商錫永先生謂字从彳从武,即步武之武。楊樹達云:"二説皆求之於形而不求諸聲,故皆失之。余疑此字从辵或从彳,以戈爲聲,即過字也……《吕氏春秋·異寶篇》云'五員過於吴',與甲文句例同。高注云:'過猶至也。'"(《積微居甲文説》卷上頁七)其字遂隸定作𨑻矣。,地名,地望不詳。甲辭第三行重一"亡"字,乃衍文。召之地望,段玉裁云:"《左傳》襄二十三年:'齊侯伐衛,遂伐晋。入孟門,登大行。張武軍於熒庭,戍郫邵。'杜曰:'取晋邑而守之。'杜不言郫、邵二邑名,據許則當是二邑也。文六年'賈季召公子樂於陳,趙孟使殺諸郫',此單言郫也。《後志》'河東垣縣有邵亭',注引《博物記》'縣東九十里有郫、邵之厄。趙孟殺公子樂於郫、邵'。豈張華所見《左傳》有異歟?按今山西絳州垣曲縣東有邵城,後魏之邵郡、後周之邵州,皆此也。"是也。

第百四十七片　甲

甲　乙□

手□

乙　□卜貞

□于宿

□亡

宿,地名,地望不詳。

第百四十八片　骨

□丑卜貞王𢓊

[于]宫往來亡

第百四十九片　骨

甲　戊□

王□

乙　己亥卜貞

王省往來

亡

丙　辛丑卜貞

王省往

來亡

丁　□貞

第百五十片　骨

甲□

貞今□

往于□

甲□

第百五十一片　甲

正　□㱿貞今日

王步□

背　□步于單□

案:《尚書·召誥》云:"王朝步自周。"《漢書·律曆志》引《尚書·武成》云:"武王迺步自周。"《逸周書·世俘解》云:"王乃步自周。"桂氏《説文解字義證》"輦"字下引宋人黄公紹釋"朝步"之"步"云:"輦,行也。後世稱輦曰步輦,謂人荷而行,不駕馬。"清人毛奇齡云:"王朝步自周……《孔傳》謂步即是行,則自周至商,自周至豐,皆多道理,自無步行之理。案:字書'輦行曰步',謂以人行車,故字以二夫行車爲形,而義即因之。"(《皇清經解》一六九《經問》十三)是《尚書》、《逸周書》之步爲步輦,卜辭亦其義也。單乃地名。

第百五十二片　骨

貞不

其步

第百五十三片　甲

□𣪘貞王歸□

第百五十四片　甲

甲　甲□

貞□　（左行）

□申卜在

□王徒

□往

□亡猷

第百五十五片　甲

𢇛□

隻（獲）□

六□

，孫詒讓據金文禽作，謂似即禽之省（《契文舉例》下頁四十一）。羅振玉釋爲畢，云："卜辭諸字正象网形，下有柄，即許書所謂象畢形之𢇛。後人又加田，於是象形遂爲會意。"（《殷虚書契考釋》頁四十八）唐蘭從孫説，謂𢇛即禽之本字而非省文，蓋後世音讀差異，遂加今聲耳（《天壤閣甲骨文存考釋》頁五十八）。孫海波先生從羅説云："禽，《説文》云：'走獸總名。从厹，象形，今聲。'金文禽字作、、、，皆从今得聲，與《説文》同。𢇛字不从今，若讀禽，無由得聲。兹仍從羅説釋𢇛。、形形[27]相似，古文或即一字。謂禽字从今聲，則可耳。"（《誠齋殷虚文字考釋》頁六）胡厚宣先生云："乃禽獲之禽字，讀爲《易》'田有禽'、'田無禽'之'禽'。舊釋'畢'者誤。"（《卜辭同文例》，《集刊》第九本頁一八四）

第百五十六片　骨

□貞王

□衣

□六月

第百五十七片　骨

貞王出永

貞卜夫？

第百五十八片　骨

甲　貞［乎］

田［从］

東

乙　貞乎

田从

南

第百五十九片　骨

正　勿以

背　小告

第百六十片　骨

正

甲　貞自

于□

▨

乙　貞乎取

亳貯

丙　至于

帝令

背

王固曰

其令

，葉玉森云："父之變體。"（《殷契鈎沉》卷乙頁二）非是。商承祚先生以其字"从又从耳，即取字。《説文》：'取，摘取也。从又、耳。《周禮》："獲者取左耳。"《司馬法》曰："載獻聝。"聝者，取左耳也。'又'聝'注：'軍戰斷耳也。《春秋傳》曰："以爲俘聝。"从

[27] 重一"形"字，衍文。

耳，或聲。馘，聝或从首。’案：《詩・大雅》‘攸馘安安’，《傳》：‘馘，獲也。不服者殺而獻其左耳曰馘。’《魯頌》‘在泮獻馘’，《箋》：‘馘，所格之左耳。’此字正象以手持割耳義，與馘同。金文毛公厝鼎作，番生毁作，已整齊其形，至小篆則更誤矣。”（《佚存考釋》頁十六）是也。

第百六十一片　甲

甲　丁酉卜貞王
　　室歲亡尤
乙　貞王室
　　叙亡尤

歲，祭名。容庚先生撰《甲骨文之發現及其考釋》，始據子禾子釜之隸定爲歲（《北京大學國學季刊》第一卷第四期）。郭沫若先生云：“《墨子・思明篇》引古云：‘吉[28]丁卯周代祝社方。’（孫詒讓：‘當爲周代祀社方。周用祀、祝並形近而誤。’今案：代，亦伐之誤。卜辭於祭每稱伐若干人。羅振玉云：‘伐，舞也。’）歲于祖若考（若本作者，據孫校改），以延年壽’，殆所謂歲祭也。《洛誥》有一事，與此文例全同，‘戊辰王在新邑烝祭歲，文王騂牛一，武王騂牛一’，此與卜辭可爲互證者也。祭名曰歲者，殆因一歲舉行一次而然。”（《釋歲》頁八下）“叙”字卜辭屢見，用爲祭名。王國維釋“馭”，其説云：“《説文・又部》：‘楚人謂卜問吉凶曰馭，从又持祟，祟亦聲，讀若贅。’案：古从祟之字，亦或从柰，如隸字篆文作隸，古文作隸，欸或作款，或作款，知馭、叙亦一字也。”（《魏石經考》頁三十四）又云：“从又持木于示前。”（《戩壽堂所藏殷虚文字考釋》頁十二）其義仍未詳。

第百六十二片　甲

□貞王室
□叙亡□

第百六十三片　甲

貞王穷
叙亡尤

第百六十四片　甲

□貞王
[室]歲亡
[尤]

第百六十五片　甲

甲　[壬]室
　　亡尤
乙　□卜貞
　　□歲亡尤

第百六十六片　甲

辛未卜貞王
室歲亡尤

第百六十七片　甲

丁丑卜貞
王室歲
亡[尤]

第百六十八片　甲

辛未卜貞
王室歲亡尤

第百六十九片　甲

乙亥卜
貞王室
[歲]亡尤

第百七十片　甲

戊戌[卜貞]
王室[歲]
亡[尤]

---

[28] “吉”下脱“日”字。

第百七十一片　甲

甲　　王穷

　　　亡尤

乙　　［王］宼

　　　亡尤

第百七十二片　甲

□王宼

□亡尤

第百七十三片　甲

□亡尤

□八月

《説文解字·八部》："八，别也。象分别相背之形。"許書之例字之从八者，八皆分别之義：平，八分也；⺌，从重八，八，别也；柬从八，分别也；龚，八分之也。八訓爲分别，段玉裁云："今浙江俗語以物與人謂之八，與人則分别也。"是以方言證文字之古義。案："八"字，古音讀爲 biwdt，乃以刀分物之聲。考"分"字，象以刀分物，刀過而物兩裂之狀，分之意允矣，故《説文·八部》："分，别也。从八从刀，刀以分别物也。"（八，《慧琳音義》卷五十七引《説文》云："分，别也，从八从刀，以别物也。"是古本無"刀"、"分"二字，宜據删。）古人造字，文象其形，聲尚其意，就以刀分物，其物兩裂之形與聲，構成八字，其字形之構成，象物之分裂，故《説文》云"别也"。詳《釋八》。

第百七十四片　甲

□卜貞

［王］宼

［歲］亡尤

第百七十五片　甲

癸卯卜

貞

桒于

□

，卜辭習見，"辛亥貞医來甲翌甲寅用于夫甲。十三月"（《前編》四·七·六），"甲申卜亘貞桒于大甲"（《佚存》三二）。夫甲即大甲。殆祭名，"于"下闕文是先公先王廟號。

第百七十六片　骨

貞不

其御

王國維云："御，卜辭作钔，从午从卩，或作御，不省。蓋假爲禦字。《説文》：'禦，祭也。'"（《戩壽堂所藏殷虚文字考釋》頁十二）

第百七十七片　骨

正　　二告

背　　□多妣

　　　□（蔑）

卜辭常見多妣、多父、多兄，即諸妣、諸父、諸兄也。

第百七十八片　骨

丙申卜亘貞□

"亘"字缺横刻，故拓本作卩，武丁時貞人名。

第百七十九片　骨

壬申卜亘貞虫□

第百八十片　骨

□戌卜穷貞□

穷，武丁時貞人名。

第百八十一片　骨

正　　

　　　□王

背　　己卯卜□

第百八十二片　甲

乙亥

卜

貞☐

☐

，武丁時貞人名。

第百八十三片　骨

癸未卜☐

第百八十四片　甲

☐卜中☐

☐亡☐

中，貞人名。

第百八十五片　甲

勿

十二月

第百八十六片　甲

☐今日

☐在四月

第百八十七片　甲

二　六

三　七

第百八十八片　骨

甲　辛卯卜貞[在]

獄天邑[商]

公宮衣[𢆶月]

亡猷寍

乙　辛酉卜貞在

獄天邑商公

宮衣𢆶月亡猷

寍

丙　☐卯卜貞在獄

[天]邑商公宮

𢆶夕亡猷寍

本片與《林氏》一・二七・八、《金璋》六二一、《明氏》三七六爲一片之折。羅振玉云："王畿曰京師，亦曰大邑。《書・多士》'肆予敢求爾于天邑商'，'天邑'即'大邑'之僞。《正義》引鄭玄曰'言天邑商者，亦本于天之所建'，據僞文以爲説，失滋甚也。"(《殷虚書契考釋》下頁五四)郭沫若先生云："卜辭已屢見'天邑商'，蓋殷人舊有此稱。《多士》之文並非僞謬，鄭玄之説亦未爲失。又於'天邑商'上屢冠以'獄'字，則獄殆安陽小屯之古名也。"(《通纂》考釋頁一六四)公宮即《大戴禮》所謂小學在公宮南之公宮。衣即殷祀之殷。[29]

第百八十九片　骨

甲　癸丑☐

旬亡☐

乙　癸丑卜戓

貞旬亡𡆥

一月

丙　癸亥卜

戓貞旬

亡𡆥

一月

丁　☐卜

☐旬

第百九十片　骨

甲　癸丑卜

成貞[旬]

亡𡆥

乙　癸亥貞戓

貞旬亡𡆥

丙　[癸]酉卜戓

[貞]旬亡

[𡆥]

---

[29] 此處有批注："案：《貞松堂集古遺文》卷八第十五葉：獄父丁卣，字與甲骨文同，當是殷器。《説文・㹜部》：'獄，司空也。从㹜，臣聲。復説獄司空。'是許書有所本也。"

第百九十一片　骨

甲　癸巳卜
　　貞旬亡
　　𡆥四月
乙　癸酉卜
　　𡆧貞旬
　　亡𡆥十三月
丙　癸丑卜
　　貞旬亡
　　𡆥十二月
丁　癸亥卜
　　𡆧貞旬
　　亡𡆥十三月
戊　□卜
　　□𡆥

第百九十二片　骨

甲　癸酉[卜]
　　兄貞
　　旬亡
　　𡆥十三月
乙　癸卯卜
　　出貞
　　旬亡𡆥
丙　癸丑
　　卜兄
　　貞旬
　　亡𡆥
丁　癸卯
　　卜貞
　　旬亡
　　𡆥
戊　[癸]丑卜
　　兄貞
　　旬亡𡆥
己　□[旬]
　　亡𡆥

第百九十三片　骨

甲　癸□[卜]
　　史[貞]
　　旬[亡𡆥]
乙　癸酉
　　卜𠓛
　　貞旬
　　亡𡆥
丙　[癸]酉卜
　　□貞旬
　　[亡]𡆥
　　十一月

第百九十四片　骨

癸卯卜
史貞
旬亡𡆥

第百九十五片　骨

甲　癸巳卜
　　兄貞
　　旬亡𡆥
乙　癸未
　　卜兄
　　貞旬
　　亡𡆥
丙　癸酉卜
　　出貞旬
　　亡𡆥四月
丁　□卜
　　兄貞
　　旬亡𡆥

第百九十六片　骨

癸酉
卜㱿
貞旬
亡𡆥

第百九十七片　骨

甲　癸
　　王

乙　癸卯卜貞
　　王[旬]亡畎
丙　癸亥卜貞
　　王旬亡畎
丁　癸酉卜
　　[貞]王旬亡
　　[畎]

第百九十八片　骨

甲　癸亥[卜]
　　貞王旬
　　亡畎在
　　五月
乙　癸酉卜貞
　　王旬亡畎
　　在六月
丙　癸未卜
　　[貞]王旬亡
　　畎在六月

第百九十九片　骨

甲　癸亥卜[貞]
　　王旬亡[畎]
乙　癸酉卜貞
　　王旬亡畎
丙　癸酉卜貞
　　王旬亡畎

第二百片　骨

甲　癸卯卜貞
　　王旬亡畎
乙　□貞
　　□畎

第二百零一片　骨

甲　□王□
乙　癸(巳)卜
　　貞王旬
　　亡畎

丙　癸卯卜
　　貞王旬
　　亡畎
丁　癸丑卜貞
　　王旬亡畎
戊　[癸]亥卜貞
　　[王]旬亡畎

第二百零二片　骨

甲　癸卯□
　　亡□
乙　癸丑王卜貞
　　旬亡畎在十月
丙　癸亥王卜貞
　　旬亡畎
丁　□王卜貞
　　□畎

第二百零三片　甲

甲　癸酉卜貞
　　王旬亡畎
乙　癸巳卜貞
　　王旬亡[畎]

第二百零四片　甲

甲　□巳卜
　　[貞]王旬
　　[亡]畎
乙　□未卜
　　[貞]王旬
　　[亡]畎　　　　（右行）

第二百零五片　甲

正　辛丑卜
　　史貞今
　　夕亡[囚]
背　㞢

第二百零六片　甲

甲　辛□[卜]

貞[王今]
夕[亡猷]
乙　癸丑卜貞
王今夕亡
猷

第二百零七片　甲

甲　□□卜
[貞王今]夕
[亡猷]在□
乙　丁酉貞卜
王今夕
亡猷

第二百零八片　甲

甲　丁丑[卜貞]
王[今夕]
亡
猷
乙　□□卜貞
[王]今夕
[亡猷]

第二百零九片　甲

甲　乙亥[卜]
貞[王今]
夕亡[尤]
乙　□□卜
[貞王]今
[夕亡]尤

第二百十片　甲

己卯卜[貞王]
今夕亡[猷]

第二百十一片　甲

甲　辛卯卜貞
王今夕
亡猷
乙　[辛]未卜貞
[王]今夕
[亡]猷

第二百十二片　甲

甲　丙戌[卜]
貞王[今]
夕亡[猷]
乙　戊子卜貞
王今夕
亡猷
丙　庚寅卜貞
王今夕
亡猷

第二百十三片　甲

壬寅卜
貞今夕亡
囚
“寅”字誤倒。

第二百十四片　骨

甲　王□
出□
乙　王自
饗
丙　貞王
勿杏

第二百十五片　骨

杏

案：上一殘文當爲“”字，隸定爲“杏”。“杏”、“”二字每連文，如“貞王杏于䈞”(《前編》一・四八・一)，“貞杏于甘”(《前編》一・五二・五)，“貞王勿杏”(《前編》五・四十・三)，“貞王杏”(《前編》六・三七・三)是也。杏，葉玉森氏釋“去”(《殷虛書契前編集釋》卷一頁)，商承

祚先生説同(《殷契佚存》考釋頁十九)。考“王往夻”(《前編》六·三七·五),“丁未卜,貞:王往夻于辜”(《後編》上十二·十)。往、去同屬動詞,義不可通,葉釋非是。或省作,它辭言“庚寅卜貞:甶人令眚在南啚。十月”(《前編》四·十一·五),“乎多尹𠂤于教”(《前編》五·八·一),“□卯卜貞尹亡囚”(《前編》六·三七·四)。字奇古難識,孫詒讓釋癸,取《説文》“癸”之籀文作與册父己鼎、癸父乙卣諸“癸”字作爲證(《契文舉例》上三)。羅振玉則以爲“戣”之初字,从戈乃後人所加(《金文編》卷十四引)。郭沫若先生云:“疑是古戣字,加點示有血滴。”(《考釋》九五)殆從羅説也。

第二百十六片　甲

甲　己亥□
　　取□

乙　癸酉卜穷
　　貞暈亡疾
　　二月

第二百十七片　甲

□角□
□疾□

“角”是人名,如“□卜角隻(獲)☒”(《曾氏》二三〇)。或作,自丁山釋爲“疾”,治甲骨文者咸從之。考从人从,《説文》:“,倚也。人有疾病,象倚箸之形。,古文疾。”篆文所以从一,乃人之僞。古文所从,猶存人形。即矢字。古矢作,形僞爲,故《玉篇》疾或作㿃。今隸作“疾”,又將小篆字與古文所从“矢”合爲一字矣。此片乃爲角有病而卜者也。

第二百十八片　甲

蚰

《説文》:“蚰,蟲之總名也。讀若昆。”《唐韻》音“古魂反”。蚰於卜辭中享尞祭:“辛卯卜,尞于蚰”,“壬辰卜,翌甲午尞于蚰,羊㞢(又)豕”(《前編》四·五二·四),“今日尞于蚰”(《前編》四·五五·三),“壬辰卜,翌甲午尞于蚰,羊㞢豕”(《後編》上·九·十一),“尞于蚰”(《後編》上·二三·十五),“辛卯卜,尞于蚰”(《粹編》七一)。則蚰之地位顯赫相當於殷之先公,惜不能考其世次。周祖謨以爲即仲虺(《甲骨卜辭中的“蚰”字》),備一説耳。

第二百十九片　骨

甲　甲寅卜[穷]
　　貞☒
乙　[乙]卯卜穷貞
　　舟再册商(賞)
　　若十一月

舟是人名,它辭言“□卯卜,貞:沚戠再册,王从伐土方,受㞢又”(《續編》三·一〇·二)。“沚戠再册”與“舟再册”語例同。

第二百二十片　甲

□冎
□亡囚

冎,廩辛時貞人名。

第二百二十一片　甲

第二百二十二片　骨

正　小告
背　㞢
　　勿

第二百二十三片　甲

王𡆥

〼其㞢

第二百二十四片　骨

〼亡其□

第二百二十五片　甲

甲　𡆥

乙　其㞢

第二百二十六片　甲

甲　勿牛

　　用

乙　勿牛

第二百二十七片　骨

元御

第二百二十八片　甲

隹

勿賁

第二百二十九片　甲

貞

（宰）

第二百三十片　甲

貞□

不□

第二百三十一片　甲

□未卜穷

□卬（御）𩰫

第二百三十二片　甲

□卜□

□亡來□

第二百三十三片　骨

姘

第二百三十四片　骨

案：此字奇古不可識，象以手擇葉之形。

第二百三十五片　骨

勿隹貞

王

第二百三十六片　骨

貞

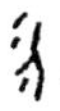用

案：是耒耜之象形，所从之，象耒耜掘地起土之形。

第二百三十七片　骨

𧣾〼

第二百三十八片　骨

正　二告

背　兔

第二百三十九片　甲

甲　㞢壱

　　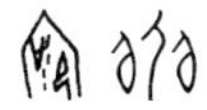隹

乙　[帚]（婦）井示

案：卜辭有"癸卯卜，穷貞：井方于唐𡩜"（《後編》上十八）。郭沫若先生云："此井方乃殷之諸侯，言來宗祀成湯用𡩜也。殷亡，此亦爲周人所滅。乙亥父丁鼎'隹王正（征）井方'，其遺民遺地被周人瓜分。周公毁'井侯服，錫臣三品：州人、𠦪人、𩫖人'。大克鼎'錫汝井家𦾔田于畯山，目（與）乒臣妾'，又'錫汝井退𦾔人䄮，錫汝井人奔于𣡕'。又散氏盤有'井邑田'，由夨人分割於散人。大克鼎出土於岐山縣，散氏舊國當在

今大散關附近，則井方當在散關之東，岐山之南，渭水南岸地矣。”（《卜辭通纂》考釋頁一一七）井方既是殷之諸侯，必有通婚之事，婦井即井方女子來嫁於殷者也。

第二百四十片　甲

正　　貞祀
　　　若
背　　百青

第二百四十一片　甲

弗其

第二百四十二片　甲

□御
□𣪠

第二百四十三片　甲

甲　　勿
　　　御
乙　　其

第二百四十四片　甲

與《前編》卷四頁二十二第八片“貞司（祀）室”之“”可能是一字。郭沫若先生疑是毁字（《考釋》一六五）。或釋作㱿，或釋作設，迄無定説。案：爲祭名，“司室”者，祭於司室也。又“貞六人”（《粹編》五〇三），與殺伐字同義。

第二百四十五片　甲

勾

第二百四十六片　甲

疾
五

第二百四十七片　甲

鬼

第二百四十八片　甲

往

第二百四十九片　甲

第二百五十片　甲

甲　　□卜旅
　　　□夕
　　　□王
乙　　吉
　　　八月

第二百五十一片　甲

雨
又
其又
大
乎
万

此片文字雜亂，不成句讀。

第二百五十二片　甲

甲　　□貞王
　　　□福
乙　　□戊

第二百五十三片　甲

貞
不其
告
其十一月

字卜辭中屢見，作、、等形。孫詒讓釋“皋”（《舉例》上十七），又釋“臭”（《名原》下十一）。葉玉森釋“昊”（《前編考釋》一上七一）。郭沫若先生謂是“脊”之初

文(《粹編》考釋十)。唐蘭先生釋爲呵蠪之原始象形(《天考》四十四)。諸家之論均未塙,故不從之。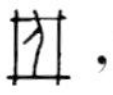,或釋“死”,近是。

第二百五十四片　甲

甲　癸丑

乙　癸丑

其

隹

象沈人於水也。卜辭中有,主沈牛。有,殆沈人也。郝氏《爾雅義疏》謂“沈以物不以玉”,金鶚《求古录》從之。古人祀神,恒并以犧牲圭幣,用牲之法有沈。《爾雅·釋天》:“祭川曰浮沈。”《儀禮·覲禮》:“祭川沈。”《周禮·小子》:“凡沈辜侯禮[30],飾其牲。”鄭司農注:“沈謂祭川。”《漢書·郊祀志》云:“春以脯酒爲歲禱,因泮凍,秋涸凍,冬塞禱祠。其牲用牛犢各一,牢具圭幣各異。”《通典》引《漢祀令》:“天子行有所之,出河,沈用白馬、珪璧各一,以繒緹五尺。祠用脯二束,酒六升,鹽一升。涉渭、灞、涇、洛他名水如此者,沈珪璧各一。律:所在給祠具。及行沈祠他川水,先驅投石,少府給珪璧。不滿百里者不沈。”《周禮·玉人》注:“於大山川則用大璋,加文飾也;於中山川用中璋,殺文飾也;於小山川用邊璋,半文飾也。其祈沈以馬。”

第二百五十五片　骨

宿馬

從岳

第二百五十六片　骨

从殸☐

寍☐

,又作、。《説文》:“甹,定息也。从血,甹聲。”“寍”下闕文當是“風”字,它辭言“癸卯卜,穷貞:寧風”(《燕京》五五八)。《周禮·春官·小祝》“寍風旱”,是周人猶存寍風之祭,亦周人因於殷禮之證。

第二百五十七片　骨

庚戌子

卜貞

歸

子,武丁時貞人名。

第二百五十八片　甲

戊申☐

夕少☐

馬　馬

貞其☐

第二百五十九片　甲

正　芀

　　翌甲

　　妣

　　于

　　降

　　(以)

背　卜

案:字从乃肉形,象盤盂,以肉盛盤内,擬是祭名。

第二百六十片　甲

令

商

舟

在

丁☐

“丁”下闕文疑是“宗”字。

[30] “禮”當作“禳”。

第二百六十一片　甲

貞

第一字當是“攺”之倒文。

第二百六十二片　甲

正　　貞王

　　　出于

　　　产

背　　㱿□

　　　新□

第二百六十三片　甲

□貞

□令中

□新

第二百六十四片　甲[31]

甲　　丁丑

　　　王

　　　亡

乙　　卜貞

　　　今夕

　　　𡆥

[31] 此片與第二百零八片自重。

後　　記

此亡友徐尊六同志所藏甲骨拓本，凡得二百六十四片。君曩在中央民族學院任職，英年劬學，爲儕輩之冠。頤於一九四八年方識君，一見如故，遂定金石交，時相過從。君不幸於一九六八年以疾就醫，突然物故，遺稿盈笥，多未結業，印行者僅有《帝王世紀輯存》一種而已。由此輯本，可見君爲學之勤。此甲骨拓本，過去君將爲考釋，故其編次亦出手訂，屬艸未竟，賫[1]志没世，痛何如之。是册中所録雖僅二百數十片，然在今日私人藏家中良不多遘。細審其中無一僞刻，君目光如炬，由此可見。回憶昔遊，轉成隔世，今特假此墨本影晒一通，留識鴻爪，而還其原册，爰書其後。時一九七五年夏僂翁羅福頤記。

[1] “賫”當作“賷”。

《徐宗元尊六室甲骨拓本集》釋文

1 骨　　五期

甲子　乙丑　丙[寅]……

2 骨　　五期

[丙]寅　丁卯　戊辰　己巳……

[丙]子　丁丑　戊寅　己卯……

丁亥　戊子　己[丑]……

[丁]卯　戊辰　己巳……

丁丑　戊寅……

丁亥　戊子……

3 骨　　五期

甲子　乙丑　丙寅　丁卯　戊[辰]……

甲戌　乙亥　丙子　丁丑　戊寅　己[卯]……

甲申　乙酉　丙戌　丁[亥]　戊子　己[丑]……

甲乙……

4 骨　　五期

甲子　乙丑　丙寅　丁卯……

甲戌　乙亥　丙子　丁丑……

甲申　乙酉　丙戌　丁亥……

甲午　乙未　丙申　丁酉……

甲寅　乙卯　丙辰　丁巳……

甲子　乙丑　丙寅　丁卯……

5 骨　　一期

……□……受又。

……嫛□□王受……

己巳……

6 骨　　一期

貞□□于□。

貞史人于岳。

……入若。

7 骨　　一期

正：

一　二　二告

反：

㞢于季。

8 甲　　一期

乙卯卜，㱿，賁于云[㠯]。一

辭末所殘之字當是从心从口之“㠯”。

9 甲　　五期

癸□[王卜]，貞旬[亡猷]。王𡆥[曰：大吉]。在□[月。甲□壹上甲]。

[癸]□王卜，貞[旬]亡猷。王[𡆥曰：大]吉。在□[月。甲]□祭[大甲𦥑上甲]。

此版可與《合集》11039、《合集》36928綴合。[1]

10 骨　　五期

[癸]□[王卜]，[貞彡]□[日]自上甲至于[多毓][衣，亡徭在猷]。[在]六月，[隹王]□[祀]。

---

[1] 殷德昭：《黄組甲骨新綴第26則》，先秦史研究室網站，2014年10月24日。其中《合補》11039與《合集》36928綴合，見白光琦《先秦年代探略》，中國社會科學出版社，2008年，第31頁。又張宇衛先生也有相同綴合，見《甲骨綴合第五七～六十則》，第60則，先秦史研究室網站，2012年3月26日，網址：http://www.xianqin.org/blog/archives/2609.html。

此版可與《合集》41898、《英藏》2594綴合。[2]

11 骨 二期

癸丑[卜],□,貞翌[甲寅]彡于上甲[至多]毓,衣,[亡尤]。二

12 甲 二期

[乙]□[卜],□,[貞王賓]匚乙……亡尤。

13 甲 五期

[丁]□卜,貞王[賓]匚丁彡,[亡尤]。

14 甲 五期

[庚]寅卜,貞[王賓]示壬奭[妣庚]□日,[亡]尤。

15 甲 五期

癸亥卜,貞王旬亡畎。在十月。甲子翌魯甲。

癸未卜,貞王旬亡畎。甲申翌日祖甲。

癸卯卜,貞王旬亡畎。一

癸亥卜,貞王旬亡畎。在二月。甲子祭大甲。

癸未卜,貞王旬亡畎。在二月。

[癸卯]卜,貞[王旬]亡[畎。在]三月。

此版可與《合集》12872、《英藏》2508綴合。[3]

16 甲 五期

戊寅卜,貞王賓大戊壹,亡[尤]。

17 甲 五期

貞王賓祓,亡尤。

[癸]卯卜,貞王[賓]小甲彡夕,[亡]尤。

18[4] 骨 五期

癸酉王卜,貞旬亡畎。在十月,甲戌彡戔甲。

[癸未]王卜,[貞旬]亡畎。[在]□[月]。[甲申彡羌甲]。

19 甲 五期

癸未[卜],貞[王旬]亡[畎]。

癸卯[卜],[貞]王旬亡[畎]。

……褰……旬亡畎,[在]□月。

癸未卜,貞王旬亡畎,在四月。

第四條辭"貞"字缺畫,原釋文爲"十四月"。

20 骨 一期

正:

貞㞢于祖乙告。

戉㞢蔑羌。

貞桒戉于祖乙。

……疾……

反:

戊辰卜,㱿。

《尊》反面失收。

21 骨 二期

□□[卜],貞王[賓]祖辛歲,[亡尤]。

□[未]卜,[貞王]賓……亡[尤]。

22 甲 一期

□寅[卜],王,貞……[于]祖丁……

---

[2] 林宏明:《黄組甲骨綴合二則》,第1則,先秦史研究室網站,2015年10月19日,網址:http://www.xianqin.org/blog/archives/5648.html。

[3] 門藝:《殷墟黄組卜辭的整理與研究》,第22組,鄭州大學博士學位論文(指導教師:王蘊智),2008年6月;王恩田:《甲骨綴合第46組》,先秦史研究室網站,2014年7月6日。

[4] 此版爲趙鵬綴合,見宋鎮豪、趙鵬、馬季凡《中國社會科學院歷史研究所藏甲骨文字》,上海古籍出版社,2011年。

23 甲　一期

……乎……□㞢于……[父]乙小[宰]……

此版可與《合補》2664 綴合。[5]

24 甲　五期

癸□[卜],貞[王旬]亡[畎]。[在]四月。[甲]□彡[羌甲]。

[癸酉]卜,貞[王]旬亡畎。[在]五月。[甲]□[甲戌彡]魯甲。

此版可與《合集》35397、《合集》35658、《合集》35896 和《合集》38261 綴合。[6]

25 骨　二期

[庚寅],卜,貞……兄庚歲于……

26 甲　五期

戊午[卜,貞]王宾祖甲[奭]妣戊彡日,[亡尤]。

27 甲　五期

□□[卜,貞王宾]祖甲彡,[亡]尤。

28 甲　五期

癸□[卜,貞]祖甲[祊其牢]。

□□[卜],貞□□祊其[牢。兹]用。

29 甲　五期

丙午[卜,貞]康祖丁祊其[牢]。

30 甲　五期

丙□[卜,貞]康[祖丁]祊其牢。

31 甲　五期

丙戌[卜,貞]庚[祖丁祊]其[牢]。三其

32 甲　五期

□□卜,貞王[宾]祭,[亡尤]。

33 甲　五期

甲申[卜,貞]武乙祊其[牢]。

34 甲　五期

□□卜卜,貞[王宾]文武丁壹,[亡尤]。

35 甲　五期

[乙亥]卜,貞[王宾]武乙[翌日],亡尤。

此版可與《合集》38248 綴合。[7]

36 甲　五期

甲寅卜,貞武乙[祊]其[牢]。

[叀]羊。[兹]用。

37 甲　五期

丙寅[卜],貞武丁[祊其]牢。

……貞……其……

38 甲　二期

……于……[祖巳]……

39 甲　五期

□□卜,貞王[宾]己祖□,亡尤。

40 甲　一期

正:

貞勿于妣癸兹……

反:

辛卯卜,㝊。

---

[5] 林宏明:《甲骨新綴第 337—338 例之第三三五例》,先秦史研究室網站,2012 年 4 月 25 日,網址:http://www.xianqin.org/blog/archives/2654.html。

[6] 許進雄:《第五期五種祭祀祀譜的復原——兼談晚商的曆法》,《大陸雜志》第 73 卷第 3 期。

[7] 門藝:《殷墟黄組卜辭的整理與研究》,第 42 組,鄭州大學博士學位論文(指導教師:王蘊智),2008 年 6 月。

41 **甲** 三期

庚□[卜],貞其……妣庚。三

42 **骨** 一期

丙申。

丙申卜,㝉,貞于河桒年。

壬寅。

□□[卜]□,貞勿……𠬝甫……

43 **骨** 一期

□于。

此爲骨之反面,正面無字。

44[8] **骨** 一期

正:

癸□……夕⿱屮凵……庚……

反:

[王]固曰:㞢𡆥。

45 **骨** 一期

……□日丙申夕⿱屮凵…… 五

46 **骨** 一期

……⿱屮凵庚……乙……

此版可與《合集》17028綴合。[9]

47 **甲** 一期

貞風…… 二

48 **骨** 四期

壬寅卜,癸……允雨,風。

不雨。

癸卯卜,貞旬亡囚。

49 **骨** 三期

……田……

戌不[雨],征。大啓。

……方……用。

50 **骨** 一期

貞今啟,雨。

51 **骨** 一期

正:

貞㞢……弗日……彡……

貞來乙未不雨。

反:

乙酉卜,㝉。

52 **甲** 一期

□丑卜,㱿,貞□甲□其不雹。

此片爲摹本,無拓片。

53 **甲** 一期

貞今夕不雨。一

54 **甲** 一期

……[今]夕不雨。

55 **甲** 一期

貞雨不隹□。

56 **甲** 一期

今夕雨。

57 **甲** 一期

□□寅不其雨。一 一

58 **甲** 一期

……[允]雨。

貞亩雨。二

[8] 此版爲趙鵬綴合,見宋鎮豪、趙鵬、馬季凡《中國社會科學院歷史研究所藏甲骨文字》,上海古籍出版社,2011年。

[9] 林宏明:《甲骨新綴第五十六例》,先秦史研究室網站,2009年11月18日,網址:http://www.xianqin.org/blog/archives/1786.html。

此版可與《合集》11867 綴合。[10]

59[11] 甲　一期

貞今夕不其雨。一

60 甲　一期

貞今夕不雨。

61 甲　一期

貞今夕其雨。三

《中歷》補釋兆序“三”,“三”字最上一筆横畫刻在斷裂處。

62 骨　一期

……□其雨。

63 骨　五期

戊辰卜,貞今日不[雨]。

其雨。

64 骨　一期

貞今夕其亦雨。

65 骨　一期

丁……□……

貞其疾。六月。

貞其㞢大雨。

癸酉。二

66 骨　五期

戊寅王卜,[貞]雨亡。(缺刻横畫)

其雨。

……雨。一

67 甲　一期

己酉[卜],今雨。一

……[征]……

68 甲　一期

貞今夕不雨。

今夕雨。

69 甲　一期

癸卯卜,今夕雨。

70 甲　一期

……雨。

貞雨。二

71 骨　一期

貞□庚□易[日]。

72 骨　五期

戊辰卜,貞其今日霎。一

……霎。

73 甲　一期

□辰卜,王,□□。

74 骨　五期

其雨。

戊申卜,貞今日霎。

妹霎。

75[12] 甲　一期

正:

壬午卜,殻,貞乎䰠耤。

貞……

反:

[10] 李愛輝:《甲骨拼合第 167 則》(替换原《甲骨拼合第 167 則》),先秦史研究室網站,2014 年 3 月 20 日,網址:http://www.xianqin.org/blog/archives/3848.html。

[11] 此條《合集》來源表 12297 與 12298 信息應該互换。

[12] 此版爲趙鵬綴合,見宋鎮豪、趙鵬、馬季凡《中國社會科學院歷史研究所藏甲骨文字》,上海古籍出版社,2011 年。

……夕雨……

丁……(甲橋刻辭)

76 骨 一期

不其受年。 一 二 二告。

一 二 [二]告

《中歷》補釋兆序“一”、“一”,並調整了兆辭所屬。

77 骨 一期

受黍年。

受年。

78 骨 一期

戊寅卜,得。

79 甲 二期

癸巳卜旅,貞翌乙未[气]彰……□其……又。二

80 骨 一期

……□用。

……十牢。十一月。

此版可與《合集》23574、《山東》1144、《法藏》17 綴合。[13]

81 骨 一期

□午卜,𣪘,[貞]……卯三□……

……𣪘……

82 骨 一期

……上甲(?)宜。

示。

“”内小點似非刻痕,參《中歷》照片。

83 骨 一期

……宜宰。

84 甲 一期

貞九牛。十一月。

……十……月。

《中歷》:第二條辭可能爲“十月”,也可能爲“十一”或“十二”月,不能確定。

85 甲 五期

叀[羊]。一

叀羊。

[叀]羊。

86 骨 五期

叀羊。

叀□。一

87 甲 五期

其牢又一[牛]。

[其]牢[又]一牛。

88 甲 一期

……其[蔑]。六

89 甲 一期

……𢀛……□…… 三

……心……央……从……

90 甲 一期

隻鹿。

辛丑……彰……今……

91 甲 一期

正:

[13] 見蔡綴 98,《大陸雜志》第 97 卷第 6 期。劉穎加綴,見《甲骨新綴第 196—199 組》,第 198 組,先秦史研究室網站,2015 年 5 月 16 日,網址:http://www.xianqin.org/blog/archives/5212.html。

……其受……

反：

……口……

92 骨　一期

……尊……往……

□□[卜]，𡆥，[貞]……自……𢍰。

《中歷》：第一條辭“尊”右側爲“生”字。

93 骨　一期

王勿于𡿨酌入。

貞沉十牛。

94 骨　五期

丁丑卜，在[]，貞今夕自不𣦼。

兹钟。

其𣦼。

戊寅卜，在，貞今夕自不𣦼。

其𣦼。

□□[卜]，在，[貞今夕自]不𣦼。

此版可與《合集》40895綴合。[14]

95 甲　五期

丁酉……絴……王今……

今夕自不𣦼。

其𣦼。

96 骨　五期

壬午卜，[貞]南洮[今]夕自[不𣦼]。

97 骨　一期

□□卜……貞……辛……　三

…………[乎]……　三

此版可與《合集》39863綴合。[15]

98 骨　一期

[訊]。

訊。

貞方𢦏𧊒人。

貞不隹帝令乍我𡆥。

[隹]帝令。

此版可與《合集》19129、《英藏》1133、《英藏》304綴合。[16]

99 骨　一期

貞勿人五千。四

貞勿伐方。四

貞王伐方，受㞢又。四

貞弗其受㞢又。四

受又。四

□辰。

100 甲　一期

正：

貞[]人乎[望]𢀛方。二

反：

[王固]曰：吉。

此版可與《合集》8083綴合。[17]

[14] 蔣玉斌：《甲骨新綴第1～12組》，第3組，先秦史研究網站，2011年3月20日，網址：http://www.xianqin.org/blog/archives/2306.html。

[15] 李愛輝：《胛骨新綴一則》，先秦史研究室網站，2009年6月29日，網址：http://www.xianqin.org/blog/archives/1530.html。

[16] 蔡哲茂：《甲骨新綴合三十三片及其考釋》，淑明女子大學第一次甲骨國際討論會論文，1995年。已收入《合補》1938，又見蔡哲茂《甲骨綴合》第184組，樂學書局，1999年。英藏1133爲蔡哲茂加綴，見蔡哲茂《〈英藏〉新綴第四則》，先秦史研究室網站，2009年6月30日，網址：http://www.xianqin.org/blog/archives/1531.html。張宇衛亦綴英藏1133＋英藏304，見《甲骨綴合第九十六則》，先秦史研究室網站，2013年3月31日，網址：http://www.xianqin.org/blog/archives/2919.html。

[17] 林宏明：《甲骨新綴第447、448例》，第447例，先秦史研究室網站，2014年1月16日，網址：http://www.xianqin.org/blog/archives/3587.html。

101 骨 一期

[貞]勿隹[王]往伐𢀛方,下上弗[若],不我其[受又]。四

□□卜,㱿,[貞隹]……

此版可與《合集》8562 綴合。[18]

102 骨 一期

……日其雨。

……[王]循伐土方,受[㞢又]。

103 骨 一期

正:

……酉夕𡕒……

一 小告

貞亡囚。

反:

五日丁未允㞢來[嬉]……告曰:𢀛方

𤰔于我……三邑。

104 骨 一期

貞王勿比沚𢦔。

貞王比沚𢦔。

貞王勿比沚𢦔。

乙亥卜,㱿。

貞弗其受㞢又。

105 骨 一期

……[戈]…… 二 二告

貞乎子妻以新射。二

允其𦎫。

貞自般以疒又。

……𢀛[方]……

此版可與《合補》1845 綴合。[19]

106 骨 一期

正:

……由卜□……

反:

……𢀛方出……

107 骨 一期

甲申卜,乎衛。

□子卜,□省于它。四

此版可與《合集》6603 綴合。[20]

108 骨 五期

[癸丑王卜],貞[旬亡𡆥]。王[𢆶曰:吉。在]王[𩰫]。

癸亥王卜,貞旬亡𡆥。王𢆶曰:吉。在王𩰫。

癸酉王卜,貞旬亡𡆥。王𢆶曰:吉。在王𩰫。

癸未王卜,貞旬亡𡆥。王𢆶曰:吉。在□。

[癸巳]王卜,貞[旬]亡𡆥。吉。

此版可與《合集》41771 綴合。[21]

109 骨 五期

癸巳[王卜],貞旬[亡𡆥]。王在……王𢆶[曰:吉]。

癸卯王卜,貞旬亡𡆥。王𢆶曰:吉。在𩰫。

癸丑王卜,貞旬亡𡆥。王𢆶曰:吉。王在𩰫。

癸亥王卜,貞旬亡𡆥。王𢆶曰:吉。在𩰫。

---

[18] 劉影:《賓組甲骨新綴三則》,先秦史研究室網站,2009 年 9 月 10 日,網址:http://www.xianqin.org/blog/archives/1631.html。

[19] 蔡哲茂:《甲骨文合集補遺續(九)》,第 2 組,《大陸雜志》第 84 卷第 1 期,又見蔡綴 108。張宇衛加綴,見《甲骨綴合第十三~十七則》,第 16 則,先秦史研究室網站,2011 年 12 月 21 日,網址:http://www.xianqin.org/blog/archives/2536.html。

[20] 蔣玉斌綴第 231,蔣玉斌:《〈甲骨文合集〉綴合拾遺第六十一~六十五組補綴》,第 62 組,先秦史研究室網站,2010 年 9 月 3 日,網址:http://www.xianqin.org/blog/archives/2046.html。

[21] 蔡哲茂:《甲骨文合集補遺續(三)》,第 125 組,《大陸雜志》第 73 卷第 4 期,又見蔡綴 30。

110 **甲** 一期

……在上𩀱……

□□卜,在𩀱,[貞]王旬亡[𡆥]。

……上𩀱……旬亡……

111 **甲** 五期

癸□[卜],在上[𩀱],貞王[旬亡]𡆥。在□[月]。一

[癸亥]卜,在[上]𩀱,貞[王旬]亡𡆥。[在]二月。

此版可與《合集》36848、《合集》36856綴合。[22]

112 **骨** 五期

□卯王卜,貞旬亡𡆥。〔王〕𠁁曰:吉。在六月。

……餗……

113 **骨** 五期

癸巳王[卜,貞]旬亡[𡆥]。[王𠁁]曰:吉。在五[月]。甲[午]……

114 **骨** 一期

……今[比]……[受]㞢又。

此版可與《合集》6436、《合集》7508綴合。[23]

115 **甲** 一期

正:

……來嬉[自東]……□小臣高……

[紳]……

反:

□□[卜],㱿,貞旬[亡𡆥]。

116 **甲** 五期

□□卜,在……餗……方,不……兹□。

此版可與《合集》36989綴合。[24]

117 **甲** 一期

貞方[不]亦[征]。

118 **甲** 一期

……𠂤于□…… 一

此版可與《東文》61綴合。[25]

119 **甲** 一期

[癸]未卜,王,乎雀[來]射。

120 **骨** 一期

正:

一 二告 二

反:

丁巳卜,[㞢,貞]戉往……㞢嬉。

正面補兆序"一"。

121 **骨** 一期

戊寅卜㝉,貞令達[26]啟于并。八月。

122 **骨** 一期

□□[卜],□,貞冒三百射乎□……

□□[卜],亘,貞令侯奴……

……[隹]令。

[22] 門藝:《黄組新綴第111組(附校重1則)》,先秦史研究室網站,2011年7月12日,網址:http://www.xianqin.org/blog/archives/2418.html;殷德昭:《甲骨試綴二則》,先秦史研究室網站,2013年5月12日,網址:http://www.xianqin.org/blog/archives/3627.html。

[23] 蔡哲茂:《甲骨綴合續集》,第495組,文津出版社,2004年;又載《古籍整理學刊》2003年第4期。

[24] 李愛輝:《甲骨拼合第162、163則》,第163則,先秦史研究室網站,2012年4月25日,網址:http://www.xianqin.org/blog/archives/2659.html。

[25] 林宏明:《甲骨新綴第557—558例》,第557例,先秦史研究室網站,2015年2月9日,網址:http://www.xianqin.org/blog/archives/5005.html。

[26] "達"原釋"奎",此從趙平安釋,讀爲"撻伐"的"撻",後"達(撻)"字皆同。趙平安:《"達"字兩系説——兼釋甲骨文所謂"途"和齊金文中所謂"造"字》,《中國文字》2001年新27期,第51~63頁;又收入曾憲通主編《古文字與漢語史論集》,中山大學出版社,2002年,第218~225頁。

《中歷》第二條辭“侯”下一字應該爲“以手持矢”之字。第三條辭“令”上一字，从犬，从匕，可隸定爲“犯”。

123　骨　一期

［辛巳卜］，□，貞［令］□比［望乘］伐［下］。

124　骨　一期

貞自……其……

125　甲　一期

……貞……□辜……

126　甲　一期

……勿肈……□……

127　骨　一期

□寅卜，□，貞乎［共牛］。一

□巳卜，𡆥，［貞］……［今］……　一

128　甲　一期

貞勿衣循戎戠。

此版可與《合集》7266 綴合。[27]

129　骨　一期

甲午卜，［貞］勿㞢于……

辛卯。

庚寅卜，貞𠂤不祉。五月。

此版可與《合集》1605 綴合。[28]

130　甲　一期

正：

……貞……自西。一　一

……［好］……　二

反：

……［不］……□……

《中歷》：第二條辭殘存筆畫似爲“好”之殘筆。

131　甲　一期

……□方。

《中歷》：據《合集》20624“乙丑，王方”，此片□可能爲“”字。“”字，裘氏釋“柞”，意爲“除木”。[29]

132　骨　一期

貞［叀］王令隹［黄］。

133　骨　一期

丙辰卜，乎帚。三

……丁……其……　不𠰻

134　甲　一期

……［乎］䦨……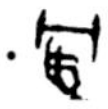。

135　骨　一期

……吾……受……

136　骨　一期

正：

不𠰻黽。

反：

……㞢聞，其隹丙不……

137　甲　一期

辛丑卜，貞墉［亡］囚。

□□卜，㞢……告……帚……

[27]　張志强：《甲骨試綴一則》，先秦史研究室網站，2013 年 10 月 15 日，網址：http://www.xianqin.org/blog/archives/3306.html。

[28]　蔣玉斌：《〈合集〉綴合拾遺》，第 3 組，先秦史研究室網站，2009 年 7 月 17 日，網址：http://www.xianqin.org/blog/archives/1552.html。

[29]　裘錫圭：《甲骨文中所見的商代農業》，《古文字論集》，中華書局，1992 年，第 170～171 頁。

138 **骨**　　一期

甲寅……(伐)[𠯑]……允□。三

139 **甲**　　一期

貞𠂤般其來人……□……

140 **甲**　　一期

丁未……于……

壬寅卜,貞令保……

141 **骨**　　一期

[癸]巳卜,㱿,[貞]史人[于]𦣻,其㞢曰……　四

142 **甲**　　一期

正:

……□□……乎見。

反:

……隹妣……

143 **骨**　　五期

戊……

辛酉卜,貞王田斿,往來亡災。王𠁃曰:吉。兹钔。

壬戌卜,貞王田𡧊,往來亡災。王𠁃曰:吉。

癸丑卜,貞[王田]𡧊,往[來亡災]。王[𠁃]曰:吉。兹[钔]。

第一條辭爲"戊"之殘筆。

144 **甲**　　五期

壬子[王卜],[貞]田喜,[往來亡災]。

□寅王卜,[貞田]宫,[往來]亡[災]。

145 **甲**　　三期

□丑卜,何,[貞王]其往[于]田,亡災。

壬□[卜],□,貞……于……　一

146 **骨**　　五期

乙亥卜,貞[王]延于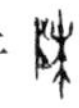,往來亡亡災。一

戊寅卜,貞王延于𦥑,往來亡災。一

□□[卜,貞]王……

第一條辭"亡"字衍刻。

此版可與《合集》36694綴合。[30]

147 **甲**　　五期

乙……在……

□□卜,貞……于宿……亡災。

此版可與《合集》37718、《續存上》2384綴合。[31]

148 **骨**　　五期

□丑卜,貞王延[于]宫,往來亡災。

149 **骨**　　五期

戊□[卜貞]王[省,往來亡災]。

己亥卜,貞王省,往來亡災。

辛丑卜,貞王省,往來亡災。

□□[卜],貞……

150 **骨**　　一期

甲[辰]……貞今……往于……　七

此版可與《合集》15253綴合。[32]

151 **甲**　　一期

正:

---

[30] 門藝:《黄組甲骨新綴第99組》,先秦史研究室網站,2009年12月7日,網址:http://www.xianqin.org/blog/archives/1824.html。

[31] 林宏明:《甲骨新綴第375例》,先秦史研究室網站,2012年10月17日,網址:http://www.xianqin.org/blog/archives/2821.html。

[32] 何會:《龜腹甲新綴第五十一、五十二則》,先秦史研究室網站,2011年4月15日,網址:http://www.xianqin.org/blog/archives/2326.html。

□□[卜,𣪘],貞今日王步。三

反：

……步于[單]。

152 骨 一期

貞不其[徃]…… 一

《合集》拓本兆序“一”模糊不可見。“其”下應爲“徃”之殘筆。

153 甲 一期

□□[卜],𣪘,貞王歸。

154 甲 五期

□申卜,在□,[貞]王𠁥□,往[來]亡災。

壬……貞……

155 甲 一期

……𡆥……隻……六

……□……□…… 二

156 骨 一期

貞□……衣……六月。

157 骨 二期

□辰卜,大,貞王出永。一

158 骨 一期

貞[乎]田[从]东。

貞乎田从南。

《合集》將此版與《北圖》2298綴合爲《合集》10903。

159 骨 一期

正：

小告。

反：

勿以。

160 骨 一期

正：

貞自……于……不□。一

貞乎取亳賈。[33]

至于帝令。

□寅……□……

反：

王固曰：其令。

此版可與《合集》14151綴合。[34]

161 甲 五期

……[亡]尤。

丁酉卜,貞王窞歲,亡尤。

貞王窞叙,亡尤。

162 甲 五期

貞王窞叙,亡[尤]。

163 甲 五期

貞王[窞叙,亡尤]。

164 甲 五期

貞王[窞]歲,亡[尤]。

165 甲 五期

……窞□,亡尤。

□□卜,貞[王窞]歲,亡尤。

166 甲 五期

辛未卜,貞王窞歲,亡尤。

167 甲 五期

丁丑卜,貞王窞歲,亡[尤]。

《中歷》：此版爲方鑿。

---

[33] 李學勤：《魯方彝與西周商賈》,《史學月刊》1985年第1期,第31～32頁;《兮甲盤與駒父盨》,《新出青銅器研究》,文物出版社,1990年,第144～145頁。

[34] 蔡哲茂：《甲骨綴合集》,第357組,樂學書局,1999年。

168　甲　　五期

辛巳卜，貞王室歲，亡尤。

169　甲　　五期

乙亥卜，貞王室□，亡尤。

170　甲　　五期

戊戌[卜，貞]王室□，亡[尤]。

171　甲　　五期

……王室……亡尤。

……室……亡尤。

172　甲　　五期

……王室……亡尤。

173　甲　　二期

……亡尤。八月。

174　甲　　五期

□□卜，貞[王]室□，亡尤。

175　甲　　一期

癸卯卜，貞[桒]于……

176　骨　　一期

貞不其钔。

177　骨　　一期

正：

二告

反：

……多妣……嬟。

178　骨　　一期

丙申卜，□，貞……

“貞”上之字，可能爲“亘”缺刻横畫。

179　骨　　一期

正：

壬申卜，亘，貞㞢……

反：

□㞢于祖乙宰。

180　骨　　一期

□[戌]卜，穷，貞……

181　骨　　一期

正：

王勿……唐。

反：

己卯卜，爭……

182　甲　　一期

乙亥卜，[争]，貞……八月。

183　骨　　一期

癸未卜……

184　甲　　二期

□□卜，中，[貞]……亡……

185　甲　　一期

……勿……十二月。

186　甲　　二期

……今日……在四月。

187　甲　　一期

正：

二　三

六　七

反：

……尞……

188　骨　　五期

辛卯卜，貞[在]獄，天邑[商]公宫衣，[兹夕]亡畎，[寧]。一

辛酉卜，貞在獄，天邑商公宫衣，兹夕亡畎，寧。一

□卯卜，貞在獄，[天邑]商公宮[衣]，[茲]夕亡畎，寧。

此版可與《合集》36544、《合集》36547、《英藏》2529 綴合。[35]

189 骨 三期

癸丑……旬亡……

癸丑卜，何，貞旬亡囚。一月。

癸亥卜，何，貞旬亡囚。一月。

□□卜，[□，貞]旬[亡囚]。

190 骨 五期

癸丑卜，何，貞[旬]亡囚。

癸亥卜，何，貞旬亡囚。

[癸]酉卜，何，[貞]旬亡[囚]。

191 骨 一期

癸巳卜，貞旬亡囚。四月。二

癸酉卜，𠂤，貞旬亡囚。十三月。

癸丑卜，貞旬亡囚。十二月。

癸亥卜，𠂤，貞旬亡囚。十三月。

……卜……[囚]。

192 骨 二期

癸酉[卜]，兄，[貞]旬亡囚。□[月]。

癸卯卜，出，貞旬亡囚。

癸丑卜，兄，貞旬亡囚。

癸卯卜，貞旬亡囚。

[癸]丑卜，兄，貞旬亡囚。

……旬亡囚。

此版可與《合集》26687 綴合。[36]

193 骨 一期

癸□[卜]，史，[貞]旬[亡囚]。

癸酉卜，允，貞旬亡囚。三

[癸]酉卜，□，貞旬[亡]囚。十一月。

194 骨 一期

癸卯卜，史，貞旬亡囚。

195 骨 二期

[癸亥]卜，[兄]，貞[旬]亡囚。

癸酉卜，出，貞旬亡囚。四月。

癸未卜，兄，貞旬亡囚。

癸巳卜，兄，貞旬亡[囚]。

196 骨 一期

癸酉卜，穷，貞旬亡囚。

197 骨 五期

癸……王……

癸卯卜，貞王旬亡畎。

癸丑卜，貞王旬亡畎。

癸亥卜，貞王旬亡畎。

[癸]酉卜，[貞]王旬亡[畎]。

此版可與《合集》38987 綴合。[37]

198 骨 五期

癸亥[卜]，貞王[旬]亡畎。在五月。一

癸酉卜，貞王旬亡畎。在六月。一

[癸]未卜，[貞]王旬亡[畎]。在六月。

199 骨 五期

癸亥卜，[貞]王旬亡[畎]。二

癸酉卜，貞王旬亡畎。

癸未卜，貞王旬亡畎。

[35] 董作賓綴合了《龜》1.27.8（《合集》36544、《通》754）+《金》621（《合集》41758、《英藏》2529）+《虛》376（《合集》36547、《南博拓》866），見《殷曆譜》7.2；曾毅公加綴了《合集》36541（《歷拓》12325、《歷》1893、《尊》188），見《甲骨綴合編》183，又見《文攈》503；常玉芝也綴了《合集》36541+《英藏》2529（未發表，提供給了《合補》），《合補》將英藏拓本替换了對應的摹本，見《合補》11248（部分摹本），《綴彙》399（全拓本），蔡哲茂《甲骨缀合編》，花木蘭出版社，2011年。

[36] 林宏明：《〈旅順博物館所藏甲骨〉綴合 21—26 例》，先秦史研究室網站，2014年10月。

[37] 門藝：《殷墟黄組卜辭的整理與研究》，第14組，鄭州大學博士學位論文（指導教師：王蘊智），2008年6月。

200 骨 五期

癸卯卜，貞王旬亡猷。

□□[卜]，貞[王旬亡]猷。

201 骨 五期

[癸未卜，貞]王[旬亡猷]。

癸巳卜，貞王旬亡猷。三

癸卯卜，貞王旬亡猷。三

癸丑卜，貞王旬亡猷。

[癸]亥卜，貞[王]旬亡猷。

202 骨 五期

癸卯[王卜，貞旬]亡[猷]。二

癸丑王卜，貞旬亡猷。在十月。二

癸亥王卜，貞旬亡猷。二

[癸酉王]卜，貞[旬亡]猷。

此版可與《合集》37955綴合。[38]

203 甲 五期

癸酉卜，貞王旬亡猷。

癸巳卜，[貞]王旬亡[猷]。

204 甲 五期

[癸]未卜，[貞]王旬[亡]猷。

□[巳]卜，[貞王]旬[亡]猷。

205 甲 一期

正：

……□……

辛丑[卜]，史，貞[今]夕亡[囚]。

反：

……㞢又……

206 甲 五期

癸丑卜，貞王今夕亡猷。

辛□[卜]，貞[王今]夕[亡猷]。

207 甲 五期

□□卜，[貞王今]夕[亡猷]，在□。

丁酉卜，貞王今夕亡猷。

208 甲 五期 原尊264（自重）

丁丑[卜]，[貞]王[今夕]亡[猷]。

□□卜，貞[王]今夕[亡]猷。

209 甲 五期

□□卜……今……尤。

乙亥[卜]，貞[今]夕亡[猷]。

210 甲 五期

己卯卜……今夕亡[猷]。

211 甲 五期

辛卯卜，貞王今夕亡猷。

□未卜，貞[王]今夕[亡]猷。

212 甲 五期

丙[戌卜]，貞王[今]夕亡[猷]。

戊子卜，貞王今夕亡猷。

庚寅卜，貞王今夕亡猷。

213 甲 三期

壬寅卜，貞今夕[亡囚]。

“寅”字倒刻。

214 骨 一期

王[往]出。

貞王勿去束。

王自鄉。

此版可與《合集》5243、《北圖》5051綴合。[39]

---

[38] 常玉芝綴合，已收入《合補》12923。

[39] 此版與《北圖》5051綴合，已收入《合集》5239；《合集》5239與《合集》5243綴合，又收入《合補》1569。選自蔡哲茂《甲骨文合集補遺續（二）》，《大陸雜誌》第72卷第1期；又見《甲骨綴合集》，第208組，樂學書局，1999年。

215 骨 一期

……[去]束。

216 甲 一期

癸酉卜,穷,貞㚔亡疾。二月。二

己亥……取……㞢…… 二

217 甲 一期

……[王]……東……夢……

……角……

218 甲 一期

□□卜,蚰……

219 骨 一期

正:

甲寅卜,貞亩…… 三

[乙]卯卜,穷,貞舟爯册,商,若。十一月。三

臼:

……乞自□十屯。

中歷:"商",謝明文釋讀爲"襄"。[40]

220 甲 一期

……罟……亡囚。

221 甲 一期

[貞]……䶄……

"䶄"亦見于《合集》1958。

222 骨 一期

正:

三 小告 一

反:

勿㞢……

223 甲 一期

□其㞢王囚。

224 骨 一期

……□亡其……

五

225 甲 一期

……其㞢囚。一

226 甲 五期

[叀]牢。[兹]用。

[叀]牢。

中歷:此版爲"方鑿"。

227 骨 一期

……元卬…… 二 二

228 甲 一期

正:

……隹……

反:

勿賓。

"勿賓"位於龜腹甲側面。

229 甲 一期

正:

貞……宁…… 一

反:

……曰……[吉]……

230 甲 一期

貞……不…… 一

231 甲 一期

□未卜穷,[貞]卬㚔……

232 甲 二期

……卜□……亡來。

233 骨 一期

[40] "商",舊讀作"賞",謝明文釋讀爲"襄",表輔助義。謝明文:《試説卜辭中"商"的一種用法》,待刊稿。

……姘……

234　骨
（僞片）

235　骨　　一期
正：
一
反：
勿隹王……
貞……

此版正面有兆序“一”，《合補》未收録正面。

236　骨　　二期
貞……
……勿用。

237　骨　　一期
……䶞□……

238　骨　　一期
正：
二告
反：
……㿝……

239　甲　　一期
正：
……𠂤隹虫巷。
反：
井示……

240　甲　　一期
正：
貞祀，若。
反：
……百。[㱿]。

241　甲　　一期
正：
……□弗……
反：
……[妻]……

242　甲　　一期
……钔[𢀛壬]𡘿……　三

243　甲　　一期
……□其……　一
勿钔。

244　甲　　一期
…………　三

又見於《南明》613。

245　甲　　一期
……丩……

246　甲　　一期
……疾。五

247　甲　　一期
……鬼……

248　甲　　一期
……往……　二

249　甲　　一期
……生……

250　甲　　二期
□□卜，旅，[貞今]夕亾[言]王。
……吉。八月。

251　甲　　三期
其……鹰……又大[雨]。
……万……乎……又，雨。

252　**甲**　　二期

□戌[卜],貞王夕福……

253　**甲**　　一期

貞不其囚告其因。十一月。

此版可與《合集》17168、《合集》17171綴合。[41]

254　**甲**　　一期

癸丑卜……其𣎆[42]……隹……戎……

癸丑……

《中歷》第一條辭"其"下之字舊釋爲"内",當爲"𣎆"。

255　**骨**　　三期

……宫馬……讼……

此版可與《合集》36836綴合。[43]

256　**骨**　　五期

妻……𨼐……

弜改。罓。二

257　**骨**　　一期

庚戌,子卜,貞豖歸。

258　**甲**　　一期

戊申……夕小……

貞……馬其……

此版可與《合補》2749綴合。[44]

259　**甲**　　一期

正:

……以……陟……于……妣……

……翌甲……羌……

反:

□□卜,𣪘

260　**甲**　　一期

……令……□商……舟……在丁宗。三

261　**甲**　　一期

貞……攸……　一

262　**甲**　　一期

正:

貞[王往]出于产。小告

反:

㱿。

……[庚]新……

反面《合集》釋爲"□□[卜],㱿"。此版應該是右甲橋位置,"㱿"下爲緣邊,可能是簽署者。"新"上一字可能是"庚"之殘筆。

263　**甲**　　一期

貞……□中……新……□……　三

補遺1　**骨**　　一期

……𢓊𩰫……

補遺2　**甲**　　一期

……[翌]丁……用……羊……丁。

補遺3　**骨**　　五期

正:

---

[41] 黄天樹、李延彦:《龜腹甲新綴一則》,先秦史研究室網站,2011年4月25日,網址:http://www.xianqin.org/blog/archives/2336.html。《合集》17168與《合集》17171綴合已收入林宏明《醉古集》第208版。

[42] "求"字從裘錫圭釋。參見裘錫圭《釋"求"》,《古文字研究》第15輯,中華書局,1986年,第195~206頁;後收入《古文字論集》,中華書局,1992年,第59~69頁。

[43] 蔣玉斌綴第248。蔣玉斌:《〈甲骨文合集〉綴合拾遺(第七十五~七十八組)》,第77組,先秦史研究室網站,2010年10月26日,網址:http://www.xianqin.org/blog/archives/2107.html。

[44] 李愛輝:《師賓類龜腹甲綴合一則》,先秦史研究室網站,2009年11月10日,網址:http://www.xianqin.org/blog/archives/1747.html。

一　不𠰩黽　一　二告

反：

貞[雨]……

不其……

[令]……人……

補遺4　骨　　一期

……□……

補遺5　骨　　二期

貞其[虫于]虫妣三人。

貞其于虫妣。

貞五羌，卯三宰。一

貞不其宰。

著録検索表

表一 《尊六室》著録檢索表

尊	歷藏號	中歷號	合集號	合補號	其他著録號	歷拓號	綴　合	綴者	備注
1	1872	1911		11528		12317			
2	1877	1913	38014		四編 128、羅四 439、文攈 457	12319			
3	1873	1907	38003		四編 130（上）129（下）、羅四 443、文攈 454	12251			
4	1875	1908	37993		羅四 437、文攈 456	12341			
5	1841	2	14378			12198			
6	1752	442	5519		羅四 348、文攈 368	12169			文攈清晰
7 正反	1787	174 正反	14714 正反			12244 正反			
8	1772	165	13400			12232			
9	1927	1838	35418 39335		京 5490、鄴三下 50.18	12268	合補 11039 + 合集 36928 + 合集 35418	白光琦、張宇衛、殷德昭	
10	1846	1737	35429		四編 1、羅四 5	12309	合集 41898 + 英藏 2594 + 合集 35429	林宏明、殷德昭	
11	1876	1326	22634		羅四 7	12355			
12	1868	1328	22696			12358			
13	1933	1637		10954		12347			
14	1940	1647		10955	羅四 93	12365			
15	1874	1832	35745		四編 14、羅四 206、綜述 21.8、文攈 485	12326	合集 35745 + 合補 12872 + 英藏 2508	門藝、王恩田	
16	1898	1628	35600		羅四 38	12263			
17	1907	1653		11661	羅四 34	12278			
18	1894	1801	35662		四編 45、羅四 209 不全、文攈 486	12334	歷藏 1894 + 歷藏 1914	趙鵬	文攈爲斷裂前拓本
19			41838 摹本		羅四 194、寧 3.279				原摹本

續表

尊	歷藏號	中歷號	合集號	合補號	其他著録號	歷拓號	綴　合	綴者	備注
20 正反	1740	178 正反	6610 正反		羅四 41 正	12236 正反			原缺反
21	1859	1336	22976		京 3265	12352			
22	1814	91	1881、1890		京 719、四編 19、羅四 50	12226			
23	1797	184		283		12223	合補 283 + 合補 2664	林宏明	
24	1938	1837	35755		四編 47、羅四 207、京 5491、鄴三下 49.18	12279	合集 35755 + 合集 35397 + 合集 35658 + 合集 35896 + 合集 38261	許進雄	
25	1857	1345	23493			12349			
26	1924	1649		11034		12288			
27	1953	1636		11033		12351			
28	1941	1685	35952			12357			
29	1935	1693	36010		四編 27、羅四 65	12354			
30	1932	1699		11058		12350			
31	1926	1698		11057		12292			
32	1950	1652		11688		12363			
33	1947	1689		11063		12362			
34	1922	1684		13158		12308			
35	1948	1690		11064		12353	合補 11064 + 合集 38248	門藝	
36	1944	1688	36067		京 5056、四編 29、羅四 67	12360			
37	1952	1686	35819		四編 24、羅四 57、京 5043	12348 12364			
38	1867	235				12366			原摹本
39	1943	1631		11030		12272			
40 正反	1785	228 正反	2494 正反		文攈 375(正反)、羅四 89 正反	12166 正反			原缺反
41	1937	1394	27533		四編 34、羅四 85	12273			
42	1736	1182	10095		四編 74、羅四 303、文攈 428	12132			
43	1810	172	14677			12249			
44 正反	1794 1795	614 正反	13476 正反		文攈 406(正反)、羅四 380 正反	12158 正反	歷藏 1794 + 歷藏 1795	趙鵬	正面塗朱(文攈、羅四均爲斷裂前拓片)

續表

尊	歷藏號	中歷號	合集號	合補號	其他著録號	歷拓號	綴　合	綴者	備注
45	1718	617	13474		四編 103、羅四 382	12211			
46	1705	615		3446	文攈 404、羅四 381	12182	合補 3446 + 合集 17028	林宏明	
47	1827	530				12237			
48	1723	1546	34040		羅四 321	12174			
49	1862	1624	30212		四編 98、羅四 338、文攈 446	12335			
50	1834	1151	13080			12185			
51 正反	1732	202 正反	12469 正反		羅四 325 正	12170 正反			羅四缺反
52									摹本
53	1843	1133	12179			12312			
54	1847	1136		9505		12286			
55	1803	1169	12891			12151			
56	1838	1128		3618		12133			
57	1791	137	11961			12190			
58	1781	519	12752			12156	合集 11867 + 合集 12752	李愛輝	
59	1790	1145	12298		羅四 323	12178			
60	1774	495	12177		羅四 322	12172			
61	1763	1123	12259		羅四 317	12187			
62	1766	509	11899			12153			
63	1886	1795	38121		羅四 336	12256			
64	1733	489	12716		羅四 316	12124			
65	1710	1163	12704		羅四 313	12228			
66	1870	1797		11637	四編 84、羅四 337	12368			
67	1824	1156	12024		四編 83、羅四 320、京 343	12214			
68	1865	1135	29946			12262			
69	1817	1125	12143			12192			
70	1753	512	13015	3831		12128			原摹本
71	1721	527	13252		文攈 363	12144			
72	1901	1796	38193		羅四 335	12283			
73	1829	11	5340		京 2518	12149			
74	1887	1798	38194		羅四 334	12324			

續表

尊	歷藏號	中歷號	合集號	合補號	其他著録號	歷拓號	綴合	綴者	備注
75 正反	1722	532 正反	9508 正反		文攈 364、羅四 300	12233 正反	歷藏 1722 正 + 歷藏 1839 正	趙鵬	原缺反，合集 9508 正不全
76	1707	58		4537	四編 75	12120			
77	1734	539	9986		四編 77、羅四 304、文攈 365	12369			
78	1737	41	8902		四編 87、羅四 415	12219			
79	1854	1399	25969		羅四 123	12289			
80	1755	252	15432			12176	合集 23574 + 山東 1144 + 法藏 17 + 合集 15432	蔡哲茂、劉影	
81	1804	706		603		12155			正面塗朱
82	1742	260	15909			12177			
83	1725	259		2719		12181			原摹本
84	1784	1053			羅四 148	12142			
85	1903	1707	29522			12336			
86	1923	1709		11422		12297			原摹本
87	1919	1721	37208		文攈 417	12303			
88	1821	587		2615		12130			原摹本
89	1832	1063	3025、11430		鄴初下 42.7、京 2080、四編 119、羅四 371	12206			拓片修補，京、鄴初全
90	1780	203	10318			12250			
91 正背	1836	596 正反		4510 正反	文攈 416	12143 正反正反			反面塗朱。原反爲摹本
92	1779	1001	15828			12129			
93	1731	201	16113		四編 50、羅四 122、文攈 380	12150			
94	1880	1767	36430		四編 73、羅四 214、文攈 504	12337	合集 40895 + 合集 36430	蔣玉斌	
95			41750 摹本	11245	寧 3.267、續存補 6.426.2、羅四 215、文攈 502				
96	1929	1768	36470			12346			
97	1759	328		1997		12195	合補 1997 + 合集 39863	李愛輝	

續表

尊	歷藏號	中歷號	合集號	合補號	其他著録號	歷拓號	綴合	綴者	備注
98	1735	559	6746	1938 部分	四編 92、羅四 286、文攈 392	12218	合集 6746 + 合集 19129 + 英藏 1133 + 英藏 304	蔡哲茂、張宇衛	
99	1696	309	6541		四編 70、羅四 268、文攈 390	12215			
100 正反	1770	269 正反	6181 正反			12139 正反	合集 6181 正 + 合集 8083	林宏明	原反爲摹本
101	1713	273	6221			12235	合集 6221 + 合集 8562	劉影	原不全
102	1702	307	6400		四編 72、羅四 271、文攈 394	12205			
103 正反	1698	279 正反	6066 正反		文攈 361 正反、羅四 261 正反	12247			反面塗朱
104	1730	295	7447		四編 85、羅四 291、文攈 384	12225			
105	1709	380	5785		羅四 289	12220	合補 1845 + 合集 5785	蔡哲茂、張宇衛	
106 正反	1758	265 正反	6102 正反			12209 正反			
107			10060		羅四 290、文攈 450、續存補 5.93.1、續存補 6.424.1、續存補 6.426.1、寧 3.79		合集 6603 + 合集 10060	蔣玉斌	
108	1869	1833	36871	11257 部分	四編 46、羅四 192、文攈 482	12359	合集 36871 + 合集 41771	蔡哲茂	
109	1881	1809	36872		四編 44、羅四 190、文攈 481	12327			
110	1925	1843		11255		12356			
111	1930	1839	36867			12267	合集 36848 + 合集 36867 + 合集 36856	門藝、殷德昭	
112			41842 摹本	合補 12871	羅四 187、文攈 480、寧 3.278	寧 3.278			
113	1939	1815		12900		12313			
114	1745	332		2817		12141	合集 6436 + 合集 7508 + 合補 2817	蔡哲茂	
115 正反	1711	613 正反	5576 正反		四編 102 正反、羅四 167 正反、文攈 398 正反	12221 正反			反面塗朱
116	1899	1770	36973			12294	合集 36973 + 合集 36989	李愛輝	

續表

尊	歷藏號	中歷號	合集號	合補號	其他著録號	歷拓號	綴　合	綴者	備注
117	1800	1058	6683		羅四 272	12213			
118	1818	348				12147	東文 61 + 中歷 348	林宏明	
119	1833	27	5794			12210			
120 正反	1716	314 正反	7183 正反			12168 正反			原正反誤，正爲摹本
121	1697	1064	6056		文攈 430、羅四 285	12154			
122	1700	330	5777		四編 97、羅四 287、文攈 395	12230			
123	1715	305	7592			12246			
124	1714	404		422		12171			
125 正反	1798	343 正反		2180		12148			合補缺反
126	1783	340	7762			12189			
127	1756	420	19684		羅四 399、文攈 403	12173			
128	1776	316	7265			12241	合集 7266 + 合集 7265	張志强	
129	1738	1096	15046		羅四 109	12183	合集 1605 + 合集 15046	蔣玉斌	
130 正反	1747	611 正反		2315 正		12180			合補缺反
131	1819	10	8640			12125			
132	1741	385	5043		羅四 351	12184			
133	1729	38	2838		羅四 346	12175			
134	1805	14	6833		京 2714、四編 116、羅四 276	12203			
135	1811	287				12136			
136 正反	1699	808 正反	7216 正反		四編 96 反、羅四 395 反、文攈 411 反	12224 正反			原正反誤，正爲摹本。
137	1806	1084	4860		羅四 368	12160			
138	1777	275	8685			12140			
139	1793	403	1036			12146			
140	1782	1075			羅四 357	12270			
141	1701	436	5538		四編 39、羅四 347、文攈 402	12121			

尊	歷藏號	中歷號	合集號	合補號	其他著録號	歷拓號	綴 合	綴者	備注
142 正反	1789	337 正反	19146 正反		四編 117、羅四 344	12202 正反			
143	1890	1776	37722		文擴 506、羅四 258	12330			
144	1949	1774	37681		京 5287	12339			
145	1910	1510	28590		羅四 246	12271			
146	1889	1782	36675		四編 66、羅四 233、文擴 513	12322	合集 36675 + 合集 36694	門藝	
147	1916	1778	36767		京 5299	12255	合集 36767 + 合集 37718 + 續存上 2384	林宏明	
148	1884	1784	36571	11119	四編 60、羅四 238、文擴 514	12284			
149	1895	1789	36361		四編 59、羅四 237、文擴 516	12332			
150	1788	459	19290			12117	合集 15253 + 合集 19290	何會	
151 正反	1757	472 正反	8303 正反		羅四 228 正反	12243 正反			
152	1765	522	19701			12131			
153	1767	477	5191		四編 62、羅四 234、文擴 396	12208			
154	1934	1787		13061		12340			
155	1921	1109				12258			
156	1826	880		6177	四編 121、羅四 391	12159			
157	1861	1416		7165		12318			原摹本
158	1739	534	10903 上		綜述 21.3 上、四編 69、文擴 415、羅四 245	12231	尊 258 + 北圖 2298	合集綴合	
159 正反	1743	418 正反	9147 正反			12217 正反			原反爲摹本
160 正反	1704	401 正反	7061 正反	1338 反	四編 91、羅四 359 正反、文擴 423	12115 正反	合集 7061 + 合集 14151	蔡哲茂	原反爲摹本
161	1897	1743	38560		羅四 136	12282			
162	1909	1755		11768		12276			
163	1951	1760				12287			原摹本
164	1906	1745		11866 11788	羅四 130、文擴 498	12281			
165	1928	1744		11841		12260			原摹本

尊	歷藏號	中歷號	合集號	合補號	其他著録號	歷拓號	綴　合	綴者	備注
166	1908	1738		11804	羅四 128	12266			
167	1945	1741		11791		12315			
168	1900	1742		11792	文擴 501、羅四 132	12301			
169	1920	1657		12148		12302			
170	1931	1660		12044		12311			
171	1911	1669		12152		12314			原摹本
172	1905	1670		12125		12307			
173	1858	1384		7299		12305			
174	1936	1667		7908		12291			
175	1796	1024	18204			12191			
176	1728	433	15151		羅四 386、四編 88、文擴 412	12242			
177 正反	1727	240 正反	14812 正反			12134 正反			
178	1720	648		5660		12186			
179 正反	1726	179 正反	14968		羅四 405、文擴 422	12164			合集缺反
180	1703	712		869		12234			
181 正反	1744	432 正反	15157 正反		四編 101、羅四 396 正反、文擴 420 正反	12194 正反			原反爲摹本
182					寧 3.130				原摹本
183	1719	640		5694		12138			
184	1850	1493	23655			12343			
185	1748	1268		3013		12196			
186	1848	1422	24622			12298			
187 正反					寧 3.46 正、寧 3.47 反				原摹本，缺反
188	1888	1893	36541	11248 部分	羅四 213	12325	合集 36541＋合集 36544＋合集 36547＋英藏 2529	董作賓、曾毅公、常玉芝	
189			41431 摹本	9979	寧 3.236、羅四 175、文擴 444				
190	1863	1522	31344		文擴 445、羅四 174	12280			
191	1706	1206			文擴 359、羅四 166	12269 12331			
192	1852	1432	26634		文擴 437、羅四 169	12345	合集 26634＋合集 26687	林宏明	

續表

尊	歷藏號	中歷號	合集號	合補號	其他著録號	歷拓號	綴合	綴者	備注
193	1746	1228	16798		羅四 165	12179			
194	1751	1233	16863		文攗 435、羅四 164	12137			
195	1853	1436	26651		羅四 170、文攗 436	12259			
196	1717	601	16783		羅四 168、文攗 358	12222			
197	1879	1816	39187		文攗 471、羅四 204	12274	合集 38987 + 合集 39187	門藝	原摹本
198	1883	1834	37915		文攗 478、羅四 212	12316			原摹本
199	1882	1835	39301		文攗 472	12264			
200	1885	1819		12689		12321			
201	1878	1808	39117		文攗 468	12328			
202	1871	1817	37954	12923 部分	文攗 465、羅四 186	12323	合集 37954 + 合集 37955	常玉芝	
203				合補 12814	寧 3. 281、羅四 201、文攗 475				
204	1904	1807		12888		12300			
205 正反	1820	1234 正反	16591 正反			12239 正反			原反爲摹本
206	1902	1868		12562		12275			
207	1892	1862		12256		12295			
208	1942	1854		12262		12299			尊 264 重出
209	1915	1853		12475		12253			
210	1912	1856		12312		12296			
211	1913	1860		12427	羅四 220	12265			
212	1893	1858	38842		羅四 222	12306			
213	1815	1213	31648		京 4670	12204			
214	1724	465	5239	1569 部分	四編 61、羅四 224、北圖 5051	12161	合補 1569（合集 5239 + 5243）	蔡哲茂	
215	1771	466			羅四 417	12200			
216	1764	1093	13735		羅四 365	12165			
217	1835	1104	4669			12238			
218	1844	31		1987	羅四 427	12252			
219 正臼	1712	1087 正臼	7415 正臼		文攗 432、羅四 282	12118 正臼			原摹本，缺臼
220	1773	565			四編 127、羅四 367	12229			

續表

尊	歷藏號	中歷號	合集號	合補號	其他著録號	歷拓號	綴　合	綴者	備注
221	1813	1067	18027	6161	四編 125、羅四430、京 2846、掇二46	12197			
222 正反	1778	967 正反		4171 正反		12216 正反			原摹本
223					寧 3.140				原摹本
224	1769	850				12245			
225	1762	562				12123			
226	1918	1714		11444		12257			原摹本
227	1842	1298	21162			12290			原摹本
228 正反	1807	164 正反		4270 正反		12212 正反			原摹本，反不全
229 正反	1809	215 正反	18608			12162			合集缺反，原缺反
230	1845	835				12304			
231	1812	1097	4082			12127			
232	1946	1428		13078		12293			
233	1822	367				12145			
234	1954	W30			四編 124、羅四 429	12367			僞片
235 正反	1708	825 正反		6365 反	四編	12119 反			四編缺號
236	1860	1466		10354	羅四 416、文攗 441	12338			
237	1866	387				12310			
238 正反	1749	390 正反	10460 正反			12248 正反			
239 正反	1786	578 正反	16997 正	4983	四編 99、羅四 373、文攗 419				
240 正反	1828	171 正反	15494 正反			12240 正反			
241 正反	1768	844 正反				12122			
242	1823	63	15148		羅四 110	12227			
243	1775	1046		4296		12193			
244	1816	799			羅四 432	12135			
245	1849	793			羅四 434	12344			
246	1831	556	13834			12157			
247	1837	389	14281			12199			

尊	歷藏號	中歷號	合集號	合補號	其他著録號	歷拓號	綴　合	綴者	備注
248	1801	463				12370			
249	1830	797				12152			
250	1855	1406	26733		羅四 406	12261			
251	1917	1516	28421 30517		京 3876	12254			
252	1856	1364		7633	四編 41、羅四 144、京 3344(京 3339)	12277			
253			17170		羅四 361、文擴 431、寧 3.122、續存補 5.94.2、續存補 6.424.2、續存補 6.427.1		合集 17168 + 合集 17171 + 合集 17170	林宏明、黄天樹、李延彦	
254	1750	22	19036			12201			
255	1864	1611	29417		文擴 447、羅四 422	12342	合集 29417 + 36836	蔣玉斌	
256	1896	1766	39467		四編 100、羅四 423、文擴 512	12333			
257	1891	1320	21636		四編 90、羅四 419、文擴 452	12329			
258			40178	合補 2748	寧 3.126、續存補 6.427.3、續存補 5.94.1、羅四 410、文擴 408		合補 2748 + 合補 749	李愛輝	
259 正反	1760	100 正反	15363 正反		羅四 91	12167 正反			原反爲摹本
260	1825	1089	13533		京 2480、羅四 354	12126			
261	1792	245	16166			12371			
262 正反	1802	456 正反	8220 正反		四編 37 正反、羅四 229 正反、文擴 395 正反	12188 正反			
263	1808	798							
264	1942	1854		12262		12299			與尊 208 重
補遺 1	1754	261	3146			12116			
補遺 2	1799	1020	15444			12163			
補遺 3 正反	1761	983 正反		3826 正反		12207 正反			
補遺 4	1851	1287 正反				12285 正反			
補遺 5	1840	1395	22565			12320			

表二 《合集》與《尊六室》對照表

合 集	尊	合 集	尊	合 集	尊
1036	139	6610 正反	20 正反	11961	57
1881	22	6683	117	12024	67
1890	22	6746	98	12143	69
2494 正反	40 正反	6833	134	12177	60
2838	133	7061 正反	160 正反	12179	53
3025	89	7183 正反	120 正反	12259	61
3146	補遺 1	7216 正反	136 正反	12298	59
4082	231	7265	128	12469 正反	51 正反
4669	217	7415 正臼	219 正臼	12704	65
4860	137	7447	104	12716	64
5043	132	7592	123	12752	58
5191	153	7762	126	12891	55
5239	214	8220 正反	262 正反	13015	70
5340	73	8303 正反	151 正反	13080	50
5519	6	8640	131	13252	71
5538	141	8685	138	13400	8
5576 正反	115 正反	8902	78	13474	45
5777	122	9147 正反	159 正反	13476 正反	44 正反
5785	105	9508 正反	75 正反	13533	260
5794	119	9986	77	13735	216
6056	121	10060	107	13834	246
6066 正反	103 正反	10095	42	14281	247
6102 正反	106 正反	10318	90	14378	5
6181 正反	100 正反	10460 正反	238 正反	14677	43
6221	101	10903 上	158	14714 正反	7 正反
6400	102	11430	89	14812 正反	177 正反
6541	99	11899	62	14968	179 正反

續表

合　集	尊	合　集	尊	合　集	尊
15046	129	23493	25	36571	148
15148	242	23655	184	36675	146
15151	176	24622	186	36767	147
15157 正反	181 正反	25969	79	36867	111
15363 正反	259 正反	26634	192	36871	108
15432	80	26651	195	36872	109
15444	補遺 2	26733	250	36973	116
15494 正反	240 正反	27533	41	37208	87
15828	92	28421	251	37681	144
15909	82	28590	145	37722	143
16113	93	29417	255	37915	198
16166	261	29522	85	37954	202
16591 正反	205 正反	29946	68	37993	4
16783	196	30212	49	38003	3
16798	193	30517	251	38014	2
16863	194	31344	190	38121	63
16997 正	239 正反	31648	213	38193	72
17170	253	34040	48	38194	74
18027	221	35418	9	38560	161
18204	175	35429	10	38842	212
18608	229	35600	16	39117	201
19036	254	35662	18	39187	197
19146 正反	142 正反	35745	15	39301	199
19290	150	35755	24	39335	9
19684	127	35819	37	39467	256
19701	152	35952	28	40178	258
21162	227	36010	29	41431 摹本	189
21636	257	36067	36	41750 摹本	95
22565	補遺 5	36361	149	41838 摹本	19
22634	11	36430	94	41842 摹本	112
22696	12	36470	96		
22976	21	36541	188		

表三 《合補》與《尊六室》對照表

合補號	尊	合補號	尊	合補號	尊
283	23	6177	156	11688	32
422	124	6365 反	235 正反	11768	162
603	81	7165	157	11788	164
869	180	7299	173	11791	167
1338 反	160 正反	7633	252	11792	168
1569 部分	214	7908	174	11804	166
1938 部分	98	9505	54	11841	165
1987	218	9979	189	11866	164
1997	97	10354	236	12044	170
2180	125	10954	13	12125	172
2315 正	130 正反	10955	14	12148	169
2615	88	11030	39	12152	171
2719	83	11033	27	12256	207
2748	258	11034	26	12262	208
2817	114	11057	31	12262	264
3013	185	11058	30	12312	210
3446	46	11063	33	12427	211
3618	56	11064	35	12475	209
3826 正反	補遺 3 正反	11119	148	12562	206
3831	70	11245	95	12689	200
4171 正反	222 正反	11248 部分	188	12814	203
4270 正反	228 正反	11255	110	12871	112
4296	243	11257 部分	108	12888	204
4510 正反	91 正反	11422	86	12900	113
4537	76	11444	226	12923 部分	202
4983	239 正反	11528	1	13061	154
5660	178 正反	11637	66	13078	232
5694	183	11661	17	13158	34
6161	221				

表四　舊著録書與《尊六室》對照表

舊著録	尊	舊著録	尊	舊著録	尊
北圖 5051	214	羅四 85	41	羅四 204	197
掇二 46	221	羅四 89 正反	40 正反	羅四 206	15
京 343	67	羅四 91	259 正反	羅四 207	24
京 719	22	羅四 93	14	羅四 209 不全	18
京 2080	89	羅四 109	129	羅四 212	198
京 2480	260	羅四 110	242	羅四 213	188
京 2518	73	羅四 122	93	羅四 214	94
京 2714	134	羅四 123	79	羅四 215	95
京 2846	221	羅四 128	166	羅四 220	211
京 3265	21	羅四 130	164	羅四 222	212
京 3339	252	羅四 132	168	羅四 224	214
京 3344	252	羅四 136	161	羅四 228 正反	151 正反
京 3876	251	羅四 144	252	羅四 229 正反	262 正反
京 4670	213	羅四 148	84	羅四 233	146
京 5043	37	羅四 164	194	羅四 234	153
京 5056	36	羅四 165	193	羅四 237	149
京 5287	144	羅四 166	191	羅四 238	148
京 5299	147	羅四 167 正反	115 正反	羅四 245	158
京 5490	9	羅四 168	196	羅四 246	145
京 5491	24	羅四 169	192	羅四 258	143
羅四 5	10	羅四 170	195	羅四 261 正反	103 正反
羅四 7	11	羅四 174	190	羅四 268	99
羅四 34	17	羅四 175	189	羅四 271	102
羅四 38	16	羅四 186	202	羅四 272	117
羅四 41 正	20 正反	羅四 187	112	羅四 276	134
羅四 50	22	羅四 190	109	羅四 277	254
羅四 57	37	羅四 192	108	羅四 282	219 正臼
羅四 65	29	羅四 194	19	羅四 285	121
羅四 67	36	羅四 201	203	羅四 286	98

續表

舊 著 録	尊	舊 著 録	尊	舊 著 録	尊
羅四 287	122	羅四 381	46	四編	235 正反
羅四 289	105	羅四 382	45	四編 1	10
羅四 290	107	羅四 386	176	四編 14	15
羅四 291	104	羅四 391	156	四編 19	22
羅四 300	75 正反	羅四 395 反	136 正反	四編 24	37
羅四 303	42	羅四 396 正反	181 正反	四編 27	29
羅四 304	77	羅四 399	127	四編 29	36
羅四 313	65	羅四 405	179 正反	四編 34	41
羅四 316	64	羅四 406	250	四編 37 正反	262 正反
羅四 317	61	羅四 410	258	四編 39	141
羅四 320	67	羅四 415	78	四編 41	252
羅四 321	48	羅四 416	236	四編 44	109
羅四 322	60	羅四 417	215	四編 45	18
羅四 323	59	羅四 419	257	四編 46	108
羅四 325 正	51 正反	羅四 422	255	四編 47	24
羅四 334	74	羅四 423	256	四編 50	93
羅四 335	72	羅四 427	218	四編 59	149
羅四 336	63	羅四 429	234	四編 60	148
羅四 337	66	羅四 430	221	四編 61	214
羅四 338	49	羅四 432	244	四編 62	153
羅四 344	142 正反	羅四 434	245	四編 66	146
羅四 346	133	羅四 437	4	四編 69	158
羅四 347	141	羅四 439	2	四編 70	99
羅四 348	6	羅四 443	3	四編 72	102
羅四 351	132	寧 3.46	187	四編 73	94
羅四 354	260	寧 3.79	107	四編 74	42
羅四 357	140	寧 3.122	253	四編 75	76
羅四 359 正反	160 正反	寧 3.126	258	四編 77	77
羅四 361	253	寧 3.130	182	四編 83	67
羅四 365	216	寧 3.140	223	四編 84	66
羅四 367	220	寧 3.236	189	四編 85	104
羅四 368	137	寧 3.267	95	四編 87	78
羅四 371	89	寧 3.278	112	四編 88	176
羅四 373	239 正反	寧 3.279	19	四編 90	257
羅四 380 正反	44 正反	寧 3.281	203	四編 91	160 正反

續表

舊著録	尊	舊著録	尊	舊著録	尊
四編 92	98	文擴 396	153	文擴 468	201
四編 96 反	136 正反	文擴 398	115 正反	文擴 471	197
四編 97	122	文擴 402	141	文擴 472	199
四編 98	49	文擴 403	127	文擴 475	203
四編 99	239 正反	文擴 404	46	文擴 478	198
四編 100	256	文擴 404	70	文擴 480	112
四編 101	181 正反	文擴 406 正反	44 正反	文擴 481	109
四編 102 正反	115 正反	文擴 408	258	文擴 482	108
四編 103	45	文擴 411 反	136 正反	文擴 485	15
四編 116	134	文擴 412	176	文擴 486	18
四編 117	142 正反	文擴 415	158	文擴 498	164
四編 119	89	文擴 416	91 正反	文擴 501	168
四編 121	156	文擴 417	87	文擴 502	95
四編 124	234	文擴 419	239 正反	文擴 504	94
四編 125	221	文擴 420	181 正反	文擴 506	143
四編 127	220	文擴 422	179 正反	文擴 512	256
四編 128	2	文擴 423	160 正反	文擴 513	146
四編 129(下)	3	文擴 428	42	文擴 514	148
四編 130(上)	3	文擴 430	121	文擴 516	149
文擴 444	189	文擴 431	253	續存補 5.93.1	107
文擴 358	196	文擴 432	219 正臼	續存補 5.94.1	258
文擴 359	191	文擴 432	219	續存補 5.94.2	253
文擴 361 正反	103 正反	文擴 435	194	續存補 6.424.1	107
文擴 363	71	文擴 436	195	續存補 6.424.2	253
文擴 364	75 正反	文擴 437	192	續存補 6.426.1	107
文擴 365	77	文擴 441	236	續存補 6.426.2	95
文擴 368	6	文擴 445	190	續存補 6.427.1	253
文擴 375 面背	40 正反	文擴 446	49	續存補 6.427.3	258
文擴 380	93	文擴 447	255	鄴初下 42.7	89
文擴 384	104	文擴 450	107	鄴三下 49.18	24
文擴 390	99	文擴 452	257	鄴三下 50.18	9
文擴 392	98	文擴 454	3	综述 21.3 上	158
文擴 394	102	文擴 456	4	综述 21.8	15
文擴 395	122	文擴 457	2		
文擴 395	262 正反	文擴 465	202		

表五 《中歷》與《尊六室》對照表

中　歷	尊	中　歷	尊	中　歷	尊
2	5	245	261	390 正反	238 正反
10	131	252	80	401 正反	160 正反
11	73	259	83	403	139
14	134	260	82	404	124
22	254	261	補遺 1	418 正反	159 正反
27	119	265 正反	106 正反	420	127
31	218	269 正反	100 正反	432 正反	181 正反
38	133	273	101	433	176
41	78	275	138	436	141
58	76	279 正反	103 正反	442	6
63	242	287	135	456 正反	262 正反
91	22	295	104	459	150
100 正反	259 正反	305	123	463	248
137	57	307	102	465	214
164 正反	228 正反	309	99	466	215
165	8	314 正反	120 正反	472 正反	151 正反
171 正反	240 正反	316	128	477	153
172	43	328	97	489	64
174 正反	7 正反	330	122	495	60
178 正反	20 正反	332	114	509	62
179 正反	179 正反	337 正反	142 正反	512	70
184	23	340	126	519	58
201	93	343 正反	125 正反	522	152
202 正反	51 正反	348	118	527	71
203	90	367	233	530	47
215 正反	229	380	105	532 正反	75 正反
228 正反	40 正反	385	132	534	158
235	38	387	237	539	77
240 正反	177 正反	389	247	556	246

續表

中　歷	尊	中　歷	尊	中　歷	尊
559	98	1064	121	1345	25
562	225	1067	221	1364	252
565	220	1075	140	1384	173
578 正反	239 正反	1084	137	1394	41
587	88	1087 正臼	219 正臼	1395	補遺 5
596 正反	91 正反	1089	260	1399	79
601	196	1093	216	1406	250
611 正反	130 正反	1096	129	1416	157
613 正反	115 正反	1097	231	1422	186
614 正反	44 正反	1104	217	1428	232
615	46	1109	155	1432	192
617	45	1123	61	1436	195
640	183	1125	69	1466	236
648	178 正反	1128	56	1493	184
706	81	1133	53	1510	145
712	180	1135	68	1516	251
793	245	1136	54	1522	190
797	249	1145	59	1546	48
798	263	1151	50	1611	255
799	244	1156	67	1624	49
808 正反	136 正反	1163	65	1628	16
825 正反	235 正反	1169	55	1631	39
835	230	1182	42	1636	27
844 正反	241 正反	1206	191	1637	13
850	224	1213	213	1647	14
880	156	1228	193	1649	26
967 正反	222 正反	1233	194	1652	32
983 正反	補遺 3 正反	1234 正反	205 正反	1653	17
1001	92	1268	185	1657	169
1020	補遺 2	1287 正反	補遺 4	1660	170
1024	175	1298	227	1667	174
1046	243	1320	257	1669	171
1053	84	1326	11	1670	172
1058	117	1328	12	1684	34
1063	89	1336	21	1685	28

續表

中　　歷	尊	中　　歷	尊	中　　歷	尊
1686	37	1768	96	1833	108
1688	36	1770	116	1834	198
1689	33	1774	144	1835	199
1690	35	1776	143	1837	24
1693	29	1778	147	1838	9
1698	31	1782	146	1839	111
1699	30	1784	148	1843	110
1707	85	1787	154	1853	209
1709	86	1789	149	1854	208
1714	226	1795	63	1854	264
1721	87	1796	72	1856	210
1737	10	1797	66	1858	212
1738	166	1798	74	1860	211
1741	167	1801	18	1862	207
1742	168	1807	204	1868	206
1743	161	1808	201	1893	188
1744	165	1809	109	1907	3
1745	164	1815	113	1908	4
1755	162	1816	197	1911	1
1760	163	1817	202	1913	2
1766	256	1819	200		
1767	94	1832	15		

表六 《尊六室》綴合表

尊	綴合	綴者
9	合補 11039(東大 894)＋合集 36928(簠拓 916)＋合集 35418(合集 39335、歷拓 12268、中歷 1838、尊 9、京 5490、鄴三下 50.18)	白光琦、張宇衛、殷德昭
10	合集 41898(續存下 913)＋契合集 331[英藏 2594＋合集 35429(歷拓 12309、中歷 1737、尊 10、四編 1、羅四 5)]	林宏明、殷德昭
15	合集 35745(綜述 21.8、四編 14、中歷 1832、尊 15、文攈 0485、歷拓 12326)＋合集 12872(歷拓 8961)＋英藏 2508	門藝、王恩田
18	合集 35662(尊 18、文攈 486、歷拓 12334、中歷 1801)[歷藏 1894(四編 45、羅四 209、羅四 209 不全)＋歷藏 1914]	趙鵬
23	合補 283(中歷 184、歷拓 1223、尊 23)＋合補 2664(歷藏 7015、善齋 7015)	林宏明
24	合集 35397(簠帝 7、簠拓 109、續 1.4.3)＋合集 35658(北圖 2458)＋合集 35755(鄴三下 49.18、尊 24、京 5491、歷拓 12279、中歷 1837、羅四 207)＋合集 35896(摭續 250、上博孔德 2426.374)＋合集 38261(簠拓 903)	許進雄
35	合集 38248[簠拓 364、簠帝 153、續 2.10.3(不全)、考墳 262]＋合補 11064(歷拓 12353、尊 35、中歷 1890)	門藝
44 正反	合集 13476 正反(中歷 614 正反、文攈 406 正反、羅四 380 正反、尊 44 正反、歷拓 12158)(歷藏 1794 正反＋歷藏 1795 正反)	趙鵬
46	合集 17028 正(珠 275)＋合集 446(歷拓 12182、尊 46、中歷 615、羅四 381)	林宏明
58	合集 11867(京人 167)＋合集 12752(中歷 519、歷拓 12156、尊 58)	李愛輝
75	中歷 532、文攈 364、尊 75、羅四 300[歷藏 1722(合集 9508)＋歷藏 183)]正	趙鵬
80	合集 23574(誠 416、善 7.72.10)＋山東 1144(8.78.16)＋法藏 17＋合集 15432(歷拓 12176、中歷 252、尊 80)	蔡哲茂、劉影
94	合集 40895(日匯 39 谷邊)＋合集 36430(歷拓 12337、尊 94、中歷 1767、羅四 122)	蔣玉斌
97	合集 39863(日匯 40)＋合集 01997(歷拓 12195、尊 97、中歷 328)	李愛輝
98	合補 1938[合集 6746(尊 98、四編 92、文攈 392、中歷 559、歷拓 12218、羅四 286)＋合集 19129(前 5.30.2)]	蔡哲茂
100	合集 6181 正(中歷 269 正、尊 100 正、歷拓 12139 正)＋虛 1549(合集 8083)	林宏明
101	合集 06221(歷拓 12235、尊 101、中歷 273)＋合集 08562(續存上 576、善 4450)	劉影
105	合補 01845[英藏 564 正(合集 39868、金 522)＋英藏 569(合集 39878、金 665)]＋合集 5785(歷拓 12220、尊 105、中歷 380、羅四 289)	蔡哲茂、張宇衛
107	合集 6603(文攈 1184、北圖 2299)＋合集 10060(文攈 450、續存補 6.424.1、續存補 6.246.1、續存補 5.93.1、尊 107、羅四 290)	蔣玉斌

續表

尊	綴　　合	綴　者
108	合補 11257[合集 36871(歷拓 12359、中歷 1833、尊 108、四編 46、文擄 482、羅四 192)+合集 41771(金 578、英藏 2530)]	蔡哲茂
111	合集 36848(簠地 13、簠拓 626、續 3.19.7)+合集 36867(尊 111、歷拓 12267)+合集 36856(前 2.14.4、通 600)	門藝、殷德昭
114	合集 06436(通 514、龜 2.9.1)+合集 07508(龜 2.5.1)+合集 02817(尊 114、歷拓 12141、中歷 332)	蔡哲茂
116	拼三 706[合集 36973(歷拓 12294、中歷 1770、尊 116)+合集 36989(摭續 50、上博·孔德 2426.237)]	李愛輝
118	東文 61+中歷 348(尊 118、歷拓 12147)	林宏明
128	合集 7266(歷拓 11019)+合集 7265(歷拓 12241、中歷 316、尊 128)	張志强
129	合集 15046(歷拓 12183、尊 129、中歷 1096、羅四 109)+合集 01605(南明 81、歷拓 5111、明後 1585)	蔣玉斌
146	合集 36675(歷拓 12322、尊 146、四編 66、中歷 1782、文擄 0513、羅四 233)+合集 36694(續 3.21.3、北大 909)	門藝
147	合集 36767(中歷 1778、歷拓 12255、京 5299、尊 147)+合集 37718(南明 798、歷拓 5455、明後 2766)+續存上 2384	林宏明
150	合集 15253(簠典 29、簠拓 358)+合集 19290(歷拓 12117、中歷 459、尊 150)	何會
158	合集 10903、文擄 415、綜述 21.3[(尊 158、四編 69、羅四 245、中歷 534、歷拓 12231)+北圖 2298]	合集綴合
160 正反	合集 07061 正(歷拓 12115 正、四編 91、羅四 359 正、文擄 423 反、尊 160)+合集 14151(歷拓 10431)	蔡哲茂
188	甲骨綴合编 183、文擄 503、合補 11248、綴彙 399[合 36541(歷拓 12325、歷 1893、尊 188)+合 36544(龜 1.27.8、通 754)+合 41758(金 621、英 2529)+合 36547(虛 376、南博拓 866)]	董作賓、曾毅公、常玉芝、蔡哲茂
192	合集 26634(歷拓 12345、尊 192、中歷 1432、羅四 166、文擄 437)+合集 26687(旅 1618、旅博 1224)	林宏明
197	合集 38987(續存上 2549)+合集 39187(歷拓 12274、中歷 1816、尊 197、文擄 471、羅四 204)	門藝
202	合補 12923[合集 37954(尊 202、文擄 465、羅四 186、中歷 1871)+合集 37955(龜卜 57)]	常玉芝
214	合補 1569{合集 5239[(尊 214、四編 61、中歷 465、羅四 224)+(文擄 656、北圖 5051)]+合集 5243(北图 1901)}	蔡哲茂
253	醉古集 208[合集 17168(簠人 55〈不全〉、簠拓 945、續 5.4.3)+合集 17171(粹 1213、善 5800)+合集 17170(寧 3.122、文擄 431、羅四 361、尊 253、羅四 361)]	林宏明、黄天樹、李延彦
255	合集 36836(前 4.47.4+前 4.47.3、通 729、山東 0588+山東 0319)+合集 29417(歷拓 12342、中歷 1611、文擄 447、羅四 422、尊 255)	蔣玉斌
258	合補 2748(合集 40178、文擄 408、寧 3.126、續存補 6.426.2、羅四 410、尊 258)+合補 2749(善齋 21904)	李愛輝

注：表格中，原《尊》稱“正、背”，《文擄》稱“面、背”，現統一稱“正、反”。

表七　甲骨著録書簡稱表

簡稱	著録書
前	殷虚書契,羅振玉,影印本,1913年
虚	殷虚卜辭,明義士,上海別發洋行石印本,1917年
龜	龜甲獸骨文字,林泰輔,日本商周遺文會影印本,又北京富晋書社翻印本,1921年
簠	簠室殷契徵文,王襄,天津博物院石印本,1925年
通	卜辭通纂,郭沫若,日本東京文求堂石印本,1933年
續	殷虚書契續編,羅振玉,影印本,1933年
鄴初	鄴中片羽初集,黄濬,北京尊古齋影印本,1935年
珠	殷契遺珠,金祖同,上海中法出版委員會,1939年,又臺北藝文印書館重印本,1974年
京人	京都大學人文科學研究所藏甲骨文字,貝塚茂樹,寫真印刷株式會社,1940年
鄴三	鄴中片羽三集,黄濬,北京通古齋影印本,1942年
摭續	殷契摭佚續編,李旦丘,商務印書館,1950年
南	戰後南北所見甲骨録・南北坊間所見甲骨録五卷,胡厚宣,上海來薰閣書店石印本,1951年
京	戰後京津新獲甲骨集,胡厚宣,上海群聯出版社影印本,1954年
續存	甲骨續存,胡厚宣,上海群聯出版社影印本,1955年
綜述	殷虚卜辭綜述,陳夢家,科學出版社,1956年
日匯	日本散見甲骨文字搜匯,松丸道雄,《日本甲骨學》,1959—1980年
明後	殷虚卜辭後編,許進雄,藝文印書館,1972年
合集	甲骨文合集(十三册),郭沫若主編、胡厚宣總編輯,中華書局影印本,1979年—1982年
東大	東京大學東洋文化研究所藏甲骨文字,松丸道雄,東京大學東洋文化研究所,1983年
法藏	法國所藏甲骨録,雷焕章,利氏學社,1985年
英藏	英所藏甲骨集,李學勤、齊文心、艾蘭,中華書局,1986年
東文	東洋文庫所藏甲骨文字,伊藤道治,1987年
尊	尊六室甲骨文字,徐宗元,天津古籍出版社,1987年
續存補	甲骨續存補,胡厚宣,天津古籍出版社,1996年
山東	山東省博物館珍藏甲骨摹拓集,劉敬亭,齊魯書社,1998年
合補	甲骨文合集補編(全七册),彭邦炯、謝濟、馬季凡,語文出版社,1999年

續表

簡　稱	著　錄　書
上博	上海博物館藏甲骨文字(上下册),上海博物館編、濮茅左編著,上海辭書出版社,2009年
史購	史語所購藏甲骨集,史語言研究所編印,中研院歷史語言研究所,2009年
中歷	中國社會科學院歷史研究所藏甲骨文字,宋鎮豪、趙鵬、馬季凡,上海古籍出版社,2011年
旅	旅順博物館藏所甲骨集,宋鎮豪主編,上海古籍出版社,2014年
羅四	殷虚書契五種,羅振玉、羅福頤類次,中華書局,2014年

簡　稱	拓　本
北圖	北京圖書館藏甲骨文字拓本
簠拓	簠室甲骨拓本(王襄)
考塤	中國社會科學院考古研究所原塤室
歷藏	中國社會科學院歷史研究所藏甲骨藏號
歷拓	中國社會科學院歷史研究所藏甲骨拓本
旅博	旅順博物館
南博拓	南京博物院拓本
四編	殷虚書契四編(羅福頤)
文攗	甲骨文攗拓本(曾毅公)

圖書在版編目(CIP)數據

徐宗元尊六室甲骨拓本集 / 宋鎮豪主編;馬季凡編纂. —上海:上海古籍出版社,2018.1
(中國社會科學院歷史研究所藏甲骨墨拓珍本叢編)
ISBN 978-7-5325-8656-1

Ⅰ.①徐… Ⅱ.①宋… ②馬… Ⅲ.①甲骨文—彙編 Ⅳ.①K877.13

中國版本圖書館 CIP 數據核字(2017)第 267600 號

中國社會科學院歷史研究所創新工程項目

中國社會科學院歷史研究所藏甲骨墨拓珍本叢編
徐宗元尊六室甲骨拓本集
宋鎮豪　主編
馬季凡　編纂
上海古籍出版社出版發行
(上海瑞金二路 272 號　郵政編碼 200020)
(1) 網址:www.guji.com.cn
(2) E-mail:gujil@guji.com.cn
(3) 易文網網址:www.ewen.co
上海界龍藝術印刷有限公司印刷
開本 889×1194　1/16　印張 12.5　插頁 4　字數 289,000
2018 年 1 月第 1 版　2018 年 1 月第 1 次印刷
ISBN 978-7-5325-8656-1
K·2400　定價:168.00 元
如有質量問題,請與承印公司聯繫